Inge M. Hugenschmidt-Thürkauf

EIN FEUER DAS BRENNT

Herr, ich bitte Dich um Demut
und eine tiefe Ehrfurcht gegenüber
allen unsterblichen Seelen,
für die ich spiele.
Ich bitte Dich um Bewahrung vor
jeder Selbstgefälligkeit,
vor jeder Entmutigung und vor
jeder Herzenshärte.

EIN FEUER DAS BRENNT

Ein Feuer, das brennt
*Madame Curie und
Dorothee von Flüe*

Habt keine Angst
Szenen christlicher Hoffnung

Die Nacht vor dem Licht
*Die letzten Stunden im Leben
Edith Steins*

*Drei Theaterstücke für
eine Person von
Inge M. Hugenschmidt-Thürkauf*

Verlag aktuelle texte gmbh
D-88499 Heiligkreuztal

Die Deutsche Bibliothek — CIP-Einheitsaufnahme

Hugenschmidt-Thürkauf, Inge M.:
Ein Feuer, das brennt: Madame Curie und Dorothee von Flüe.
Habt keine Angst: Szenen christlicher Hoffnung [u.a.]. Drei
Theaterstücke für eine Person / von Inge M. Hugenschmidt-
Thürkauf. — 2., erw. Aufl. — Heiligkreuztal: Verl. Aktuelle
Texte, 1996
    ISBN 3-921312-69-8
NE: Hugenschmidt-Thürkauf, Inge M.: [Sammlung]

Gestaltung: Werbeagentur Achim Köppel, D-72488 Sigmaringen
Druck: Gebr. Edel GmbH & Co. KG, D-88348 Saulgau
Gesetzt in Times-Antiqua
© Verlag aktuelle texte gmbh, D-88499 Heiligkreuztal, 2. erw. Aufl., 1996
Alle Rechte vorbehalten
Printed in Germany
Verlagsnummer 069
ISBN 3-921312-69-8

Inhalt

Maria
der Mittlerin aller Gnaden
gewidmet

Mit Max

Aus dem Inhalt

EIN FEUER, DAS BRENNT

Zwei Menschen stehen sich gegenüber: Madame Curie, die Entdeckerin des Radiums und zweifache Nobelpreisträgerin und Dorothee von Flüe, die unscheinbare Frau im Schatten ihres Mannes, des Schweizer Nationalheiligen, Niklaus von Flüe. Im Gespräch der beiden zeigt sich die verhängnisvolle Kluft zwischen dem Glauben an die Wissenschaft und dem Glauben an Gott. Es ist im Grunde die Tragik unserer Zeit, den Menschen dahinzudrängen, vom Baum der Erkenntnis zu essen, um ihn vergessen zu lassen, daß Christus der Weg, die Wahrheit und das Leben ist und daß wir „ohne IHN nichts tun" können.

HABT KEINE ANGST

Das Stück spielt noch in der Zeit als in den Ländern des Ostens unzählige Menschen, wegen ihres Glaubens an Jesus Christus, Folter, Gefängnis und Tod auf sich nahmen. In einer ersten Szene wird das Verhör einer Christin geschildert, die gegenüber einer marxistischen Psychiaterin ihren Glauben verteidigt. Da Religiosität für diese Psychiaterin Ausdruck einer krankhaften Neigung ist, sollte die Christin in eine psychiatrische Spezialklinik eingeliefert werden, wird aber im Verlauf von Glasnost und Perestroika in den Westen abgeschoben. Hier aber, und dies wird in einer weiteren Szene dargestellt, muß sie mit Trauer erkennen, daß viele Menschen sich in erschreckender Weise von Gott abgewandt haben und sich in schläfriger Bereitwilligkeit den praktischen Atheismus zu eigen machen.

DIE NACHT VOR DEM LICHT

Das Spiel um Edith Stein, der deutschen Jüdin, Philosophin und Karmelitin, zeigt die letzten Stunden im Eisenbahnwaggon vor der Ankunft in Auschwitz. Mit über tausend katholischen Juden wird sie in den frühen Morgenstunden des 7. August 1942 vom Sammellager Westerbork in Holland nach dem Osten deportiert, wo sich ihre Spur verliert. In der jungen, glaubenslosen Mitgefangenen, Mirjam, begegnet Edith Stein ihrer eigenen Zeit der Gottferne, der Suche und dem Verlangen nach der Wahrheit, die sie in Jesus Christus fand. Im Grauen der Deportation ist sie den verängstigten Frauen und Müttern ein Engel des Trostes und durch ihr Vorbild Künderin der Liebe und Barmherzigkeit Gottes. „Kreuz und Nacht sind der Weg zum himmlischen Licht: das ist die frohe Botschaft vom Kreuz" (Edith Stein).

EIN FEUER DAS BRENNT

Einleitung

„Feuer auf die Erde zu werfen, bin ich gekommen, und wie sehr wünschte ich, es würde schon brennen". Diese Worte Jesu aus dem zwölften Kapitel des Lukasevangeliums, gesprochen auf seinem letzten Weg nach Jerusalem, sind eine fast erschütternd demütige Bitte unseres Herrn, sich doch wenigstens von einem Funken seiner Liebe, die er uns gebracht hat, entzünden zu lassen. Es ist ja nicht die Liebe nach menschlichem Empfinden und irdischen Maßstäben, es ist vielmehr das göttliche Wollen, die Glut des neuen Adam, die uns verzehren soll, denn die Liebe zu Gott und die Liebe zum Nächsten gehören zusammen. Viele haben dieser Liebe in ihrer Ganzheit Raum gegeben. Wir nennen sie die Heiligen. Sie sollen uns Licht sein und Vorbild, ebenfalls mit dem Sehnen des Herzens in unseren Worten und Taten Nachfolger der menschgewordenen Liebe zu werden. Die Hoffnung auf Liebe und die Sehnsucht danach ist in jedem von uns verankert. Doch nicht jede Liebe ist aus dem Feuer der Liebe Gottes geboren.

„Ein Feuer, das brennt" ist ein Stück für eine Person. Zwei Menschen, durch Jahrhunderte voneinander getrennt, stehen sich gegenüber (welch faszinierende Möglichkeit des Theaters): Marie Curie-Sklodowska, berühmt geworden unter dem Namen Madame Curie, und Dorothee von Flüe, die Frau des Schweizer Nationalheiligen Niklaus von Flüe. Von Madame Curie wissen wir durch jene journalistische Wißgier, die unserer Zeit eigen ist, viele Einzelheiten aus ihrem Leben. Vor allem aber gibt uns die Biographie ihrer jüngeren Tochter Eve Einblick

11

in das Geschick eines Menschen, das geprägt war von Opfer und Hingabe.

Marya Sklodowska wird am 7. November 1867 als letztes von fünf Kindern in Warschau geboren. Doch war die Kindheit und Jugend des eigenwilligen und hochbegabten Mädchens alles andere als heiter. Auf Grund der politischen Ereignisse — Polen war ein von den Russen besetztes Land — lebten die Sklodowskis in materieller Bescheidenheit, ja oft in bitterer Armut. Das wohl einschneidendste Erlebnis ihrer jungen Jahre war der Tod ihrer geliebten Mutter, ein Verlust, welcher der Beginn ihrer religiösen Zweifel und die erste Auflehnung gegen Gott wurde.

Ihre vielfältigen und außerordentlichen Fähigkeiten haben sie schon früh von allen andern abgehoben und um sie einen Hauch von Einsamkeit gewoben, der ihr ganzes Leben begleitet hat. Als ihre eigentlichen Interessen sich immer klarer den naturwissenschaftlichen Fächern zuneigten, begann jenes erstaunliche Schicksal, das Marya Sklodowska schon zu Lebzeiten zu einem Mythos werden ließ. Ihre Studienjahre an der berühmten Universität Sorbonne in Paris, an der sie sich in allen naturwissenschaftlichen Disziplinen immatrikulierte — eine für eine Frau in der damaligen Zeit eher mit Skepsis aufgenommene Entscheidung —, waren Jahre der Entbehrung und einer fast monastisch zu nennenden Askese. Daran ändert sich auch wenig, als sie Pierre Curie, ebenfalls Naturwissenschaftler und genial wie sie selbst, begegnet, ihn heiratet und zwei Kindern, Irène und Eve, das Leben schenkt. Mit einer alles verzehrenden Leidenschaft, unter größten körperlichen, seelischen und materiellen Opfern stürzte sie sich trotz ihrer vermehrten familiären Aufgaben in ihre wissenschaftliche Forschung und entdeckte in Zusammenarbeit mit ihrem Mann jenes magische Phänomen, das dem zwanzigsten Jahrhundert zum Verhängnis wurde: die Atomkernspaltung.

Zunächst als Wunder gepriesen, da es sich im Kampf gegen den Krebs wirksam zeigte, offenbarte es aber auch bald eine vielen wissenschaftlichen Entdeckungen anhaftende Ambivalenz. Spätestens seit Hiroshima und Nagasaki wissen wir, daß die Substanz, die wegen ihrer Strahlkraft von Madame Curie Radium genannt wurde, nicht nur heilende, sondern vor allem todbringende Strahlen sendet. Eine Frage drängt sich auf: Hätte sie, die begnadete Forscherin, diese Entwicklung nicht ahnen, hätte sie den Mißbrauch ihrer Entdeckung nicht verhindern können? Hier jedoch zeigt sich das Geheimnis des Bösen — das Mysterium iniquitatis — in seiner unheimlichsten Verführung.

Es war die eigene leidvolle Erfahrung mit der Verstrickung von Gut und Böse, die meinen Mann, Max Thürkauf, seit fast einem Vierteljahrhundert dazu drängt, in vielen Schriften und Büchern diese dunkle Kraft des Bösen zu entlarven. Was die Begeisterung, die Not, die Entbehrung und die Entschlossenheit betrifft, mit der er seinen naturwissenschaftlichen Studien anhing, war sein Weg jenem Madame Curies nicht unähnlich. Auch er folgte einer Leidenschaft, einer Liebe, die ihn jedoch immer deutlicher das zweischneidige Schwert dieser Macht erkennen ließ: ,,Es gibt nichts Böses ohne gute Seiten — und das ist das Schlimme daran. Die guten Seiten des Bösen sind das Geschenkpapier des Teufels. Je böser etwas ist, um so mehr gute Seiten hat es; haben doch die Atomenergie und die Genmanipulation so viele gute Seiten."

Die Gesellschaft jedoch belohnt die Arbeit um Erkenntnis mit den Ehren dieser Welt. Von der Stockholmer Akademie der Wissenschaften erhielten Marie und Pierre Curie-Sklodowska für ihre Entdeckung der Elemente Radium und Polonium 1903 den Nobelpreis für Physik. Und nach dem frühen und tragischen Unfalltod ihres Mannes (er starb 1906) erhielt Madame Curie 1911 für die chemische Arbeit am Radium und dessen Isolierung den Nobelpreis für Chemie. Sie ist bis heute der einzige Mensch, dem in beiden naturwissenschaftlichen Disziplinen — eine bis dahin von den Männern beherrschte Domäne — diese höchste Auszeichnung zuteil wurde. Die

Frage, ob die Radioaktivität – wie Madame Curie diese Eigenschaft der Materie genannt hat – nicht nur dem Guten zu dienen vermag, scheint aber auch die Herzen der beiden Curies bewegt zu haben. Denn am Schluß seines Nobelpreis-Vortrages, den Pierre Curie ein Jahr vor seinem Tode in Stockholm hielt, gab er seinen Zweifeln Ausdruck: „Man kann auch annehmen, daß das Radium in verbrecherischen Händen sehr gefährlich werden könne, und hier stellt sich die Frage, ob es für die Menschheit vorteilhaft ist, die Geheimnisse der Natur zu kennen, ob sie reif genug ist, sich diese Geheimnisse nutzbar zu machen, oder ob diese Erkenntnisse ihr nicht schädlich sind. Nobels Entdeckungen sind ein charakteristisches Beispiel dafür: die mächtigen Explosivkörper haben den Menschen erlaubt, großartige Arbeiten durchzuführen. Doch sind sie auch ein furchtbares Instrument der Zerstörung in den Händen der großen Verbrecher, die die Völker in die Kriege hetzen." Und wie um sich selbst zu beruhigen, fügte er hinzu: „Ich bin wie Nobel der Ansicht, daß die Menschheit mehr Gutes als Böses aus den neuen Entdeckungen gewinnen kann."

Daß diese Hoffnung sich als Selbsttäuschung erwies, ist heute nur zu offenbar geworden. Die zerstörerischen Kräfte der Radioaktivität haben den letzten Winkel der Erde erfaßt, was viele Menschen zu der etwas kurzschlüssigen Frage verleitet, warum Gott diese langsame, schleichende Vernichtung seiner Schöpfung zulassen kann. Die Antwort ist im Grunde einfach und Alexander Solschenizyn hat sie in knappe Worte gefaßt: „Die Menschen vergaßen Gott, daher kommt alles." Aber die Menschen haben nicht nur Gott vergessen, vielen ist er überhaupt kein Anliegen. Im besten Falle bekämpfen sie ihn, was Gott zumindest noch eine Existenz zugesteht.

Gottes Gebote aber stellen sein Ebenbild vor eine Entscheidung: „Ich bin der Herr Dein Gott" steht auf der steinernen Tafel, die Moses, vom Berg Sinai kommend, dem Volk Israel zeigt. Und Jesus, wahrer Mensch und wahrer Gott, die Zweite Person der Heiligsten Dreifaltigkeit, der nicht gekommen ist, das Gesetz aufzulösen, sondern zu erfüllen, bekräftigt dieses erste Gebot mit der unmißverständlichen Forderung: „Ohne mich könnt ihr nichts tun!"

Wir aber tun seit Jahrhunderten immer mehr ohne IHN; wir essen und trinken, heiraten und lassen heiraten (Lk 17,27), und vor allem erforschen wir die Mannigfaltigkeit der Schöpfung, ohne den Schöpfer um seinen Rat zu bitten, ohne seine Hilfe anzuflehen. Immer tiefer und rücksichtsloser dringen wir in die Haushaltung Gottes ein, hingerissen vom Strudel des Größenwahns, den „Baum der Erkenntnis" zu plündern. „Wenn wir bei der Arbeit zur Erlangung um Erkenntnis beten, so ist es der Heilige Geist, der uns inspiriert. Wenn wir aber nicht beten, so inspiriert der Teufel. In der modernen Naturwissenschaft ist mehr als dreihundert Jahre geistige Arbeit ohne Gebet geleistet worden. Jedenfalls ohne Gebet, das in einem wirksamen Verhältnis zur Arbeit gestanden hätte. Deutlicher als mit der Atombombe und der Genmanipulation kann die Herkunft der Inspiration nicht markiert werden. Mit einer Naturwissenschaft, bei welcher im Verhältnis eins zu eins gebetet und gearbeitet worden wäre, hätten wir heute eine Wissenschaft, die das Leben behüten und nicht bedrohen würde." Tief leuchten diese Worte von Max Thürkauf in die Wirrnis unserer Zeit, und es braucht eine vehemente Verneinung der Wirklichkeit, ja eine geistige Blindheit, einfach nicht erkennnen zu wollen, daß diese Art der modernen Naturwissenschaft, wie sie auch von Madame Curie betrieben wurde, uns in die Nähe einer apokalyptischen Katastrophe gebracht hat. Die zutiefst bescheidene und asketische Gelehrte, von der Albert Einstein sagte, daß sie unter allen berühmten Menschen der einzige sei, den der Ruhm nicht verdorben habe, auch sie erforschte ihre Wissenschaft unter beinahe kategorischem Ausschluß Gottes. Es ging ihr, wie sie sagte, in ihrer Forschung um Sachen, nicht um Personen. Obwohl in Polen katholisch erzogen, zerstreuten sich die Reste ihres Kinderglaubens, als sie sich endgültig ihren naturwissenschaftlichen Studien hingab. Ihre Entdeckung des Radiums entsprang der Neugierde der Kinder Adams auf der Suche nach Erkenntnis ohne Gott, und Eve Curie irrt, wenn sie meint, daß „Neugierde eine wunderbare weibliche Eigenschaft" sei „und eine vornehmste Tugend des Gelehrten, die Marie Curie in höchstem Maß besitzt". Das Laster der Unmäßigkeit, und dazu muß die Neugierde gerechnet werden, wird nicht zur Tugend, nur weil sie sich unter den Mantel der Wissenschaft begibt. Gott hat den Menschen frei geschaffen. Er drängt sich nicht auf, aber Er läßt uns auch die Folgen eines Tuns ohne IHN voll verkosten. Zwar bietet er uns seine Liebe, seine Hilfe an, und wenn wir mit IHM gehen, ist sein Joch sanft und seine Last leicht (Mt 11,30). Die Sünde des Hochmuts hingegen, selbst Schöpfer sein zu wollen wie Gott, hat zu allen Zeiten Gerichte heraufbeschworen. Nicht daß Gott uns das Gericht bereitet, sondern wir bereiten uns das Gericht durch unsere Taten selbst. Das Gericht, das durch die Entdeckung einer Frau – für die die Naturwissenschaft die einzig wahre und erstrebenswerte Welt war, die in den Laboratorien als den „Tempeln der Zukunft" (Louis Pasteur) ihre Verheißung sah – über die Erde gekommen ist, heißt künstliche Radioaktivität.

Es ist mir nun aber ein Anliegen, zu betonen, daß es mir in keiner Weise darum geht, die Person von Marie Curie-Sklodowska bloßzustellen, sie zu erniedrigen oder auch nur ihre Genialität zu schmälern und ihren hervorragenden Platz in der Naturwissenschaft gering zu schätzen. Ich nenne sie ja nicht umsonst in meinem Stück eine „Heilige" ohne Gott, fähig zu leiden und zu opfern, sich zu verzehren, Demütigungen und Entbehrungen auf sich zu nehmen in einer Totalität, wie sie nur bei den Heiligen der Kirche erfahrbar ist. Auch alle Auszeichnungen und Ehren hinterließen in ihr Gefühle der Ablehnung. In ihren späteren Aufzeichnungen lesen wir, daß es ihrem und ihres Mannes wissenschaftlichen Geist nicht entsprochen hätte, „aus den Entdeckungen pekuniäre Vorteile zu ziehen". Eine beeindruckende Geisteshaltung in einer Zeit, die alles, selbst das Heilige feilbietet. Die meisten ihrer Kollegen haben dann auch diese vornehme Gesinnung mit Befremden und Unverständnis zur Kenntnis genommen.

Kaum noch hat mich ein Frauenleben so berührt und erschüttert wie jenes dieser, neben all ihren außerordentlichen Fähigkeiten so weiblichen und liebenswerten Polin. Ihr Schicksalsweg weist auf die Tragödie der Neuzeit, die Gott, den Schöpfer des Himmels und der Erde, der Wissenschaft zum Opfer brachte. Das Erwecken der tödlichen Strahlen des Radiums, die Gottes Barmherzigkeit uns verborgen hielt, geschah durch eine Frau, die Gott in ihrem Dasein keinen Raum geben wollte, die aus Liebe zu ihrer Wissenschaft zur Atheistin aus Liebe wurde, ohne jenen zu lieben, der die Liebe ist: Gott. Das erkennbare Ergebnis ist apokalyptisch: eine Frau, von Gott bestimmt, Leben zu geben, brachte der Welt jene Unfruchtbarkeit, die durch Radioaktivität eine totale Vernichtung hervorbringen kann. Man kann diese Zusammenhänge nicht ohne tiefes Erschrecken begreifen.

In der heutigen Diskussion über die Bedeutung und die Würde der Frau in der Gesellschaft wird eher mit Zurückhaltung — wenn überhaupt — auf die metaphysische Bestimmung der Frau und Mutter verwiesen. Die hinlänglich bekannten trivialen Äußerungen der sich mündig gebärdenden feministischen Kreise ermüden mehr, als daß sie Kraft und Zuversicht vermitteln. Sowohl der Mann als auch die Frau vermögen ihren Auftrag nur im Gehorsam gegenüber dem Schöpfer zu erfüllen. Die Geschichte des Christentums kennt nicht wenige Frauengestalten, die entweder durch ihr öffentliches Wirken oder durch ihr stilles Dienen, jedoch immer in getreuer Verbundenheit mit der Lehre der Kirche, die Welt bereichert haben.

Die Frau, die im Stück „Ein Feuer, das brennt" aus der Tiefe der Jahrhunderte kommend Madame Curie gegenübertritt, ist Dorothee von Flüe. Wir wissen nicht viel über ihr Leben, und die wenigen Aussagen der Zeitgenossen des 15. Jahrhunderts verhüllen mehr als sie offenbaren.

Von außen gesehen gibt es wohl keinen größeren Gegensatz zur hochgebildeten, genialen Gelehrten als diese unscheinbare Frau im Schatten ihres heiligen Mannes. Doch Gott hat die „Armen im Geiste" seliggepriesen und die Weisheit der Welt eine Torheit genannt. Dorothee wird für immer mit einem Geschehen verbunden bleiben, das einem kleinen Land wie der Schweiz die Botschaft des Friedens brachte und damit aber auch der übrigen Welt eine Hoffnung vermittelte, die noch heute weiterwirkt. Denn die Botschaft des heiligen Klaus von Flüe, welche beim Stanser Verkommnis von 1481 die damalige Eidgenossenschaft vor einem Bürgerkrieg bewahrt hat, war eine Frucht der Selbstentäußerung dieser Mutter von 10 Kindern, die ihren Mann dahin ziehen lassen mußte, wohin Gott ihn rief – in die Einsamkeit des Ranft. Es war wohl, menschlich gesprochen, das härtere Opfer für die Frau als für den Mann, der die Familie verließ.

Dorothee hat in hohem Maße ihr Frausein verstanden als ein sich ganz den Händen Gottes anvertrauendes Dasein. Sie hat in letzter Konsequenz ernst gemacht mit dem Anruf Gottes und erfahren, daß seine Hilfe und seine Barmherzigkeit und Liebe auch im tiefsten Schmerz gegenwärtig bleibt, daß er Leid in Freude wandelt, wenn wir uns ihm ganz überlassen. Ihre Hingabe hat ihrem Mann den Weg bereitet, sich selbst Gott hinzugeben. In großem Schmerz, aber in unerschütterlichem Glauben an Gottes weises Walten sprach sie ihr Ja – das fiat mihi der Muttergottes –, das zugleich aber auch ein Zeichen des Himmels war für die Echtheit der Berufung von Bruder Klaus, als Einsiedler und Beter für die Kirche und das Vaterland ein Leben getrennt von seiner Familie zu führen. Der Friede, welchen der Eremit vom Ranft im Jahre 1481 seinem Land erbeten durfte, war auch ihr Friede, und die Kirche weiß sehr wohl um die untrennbare Verbundenheit des Opfers dieser tapferen Frau mit jenem ihres Mannes. Denn bei der Heiligsprechung von Klaus von Flüe, erst 500 Jahre nach seinem Tode im Jahre 1947, dankte Papst Pius XII. Dorothee mit den Worten: „Heute, in dieser feierlichen Stunde, verdient auch der Name seiner Gattin in Ehren genannt zu werden. Sie hat durch den freiwilligen Verzicht auf den Gemahl, einen Verzicht, der ihr nicht leicht wurde, und durch ihre feinfühlige, echt christliche Haltung in den Jahren der Trennung mitgewirkt, um euch den Retter des Vaterlandes und den Heiligen zu schenken." Beim Besuch in der Schweiz im Jahre 1984 bekräftigte Papst Johannes Paul II.: "Ehren wir auch... Frau Dorothee: In einem durchlittenen Entschluß hat sie den Gatten freigegeben. Zu Recht trägt sie in den Augen vieler das heroische Lebenszeugnis des Bruder Klaus mit." Und am Grab des Heiligen in Sachseln betete er: "Mein Herr und mein Gott,... dank deiner gütigen Vorsehung fand Bruder Klaus in Dorothee eine verständige Gattin, die mit ihm um die Kraft gerungen und gebetet hat, deinem göttlichen Willen zu gehorchen. Du hast Dorothee berufen, an Stelle ihres Gatten die Verantwortung für Familie, Haus und Hof zu übernehmen, damit der Weg des Heiligen frei werde für das Leben im Ranft, frei für das Gebet, frei für deinen Auftrag, Frieden zu stiften... Laß uns mit Bruder Klaus und seiner heiligmäßigen Frau Dorothee immer mehr einsehen, daß echte Versöhnung und dauerhafter Friede allein von dir kommt."

Dorothee von Flüe — eine Frau in der Kirche? Ja, und mit welcher Kraft! Jedoch nicht nur in der Kirche, sondern mit ihr und für sie und somit auch für die Welt, denn das "fiat mihi", das Dorothee mit marianischer Demut sprach, brachte Heilung und daher Heil in die bedrohte und zerrissene Eidgenossenschaft. Sie wird dadurch im doppelten Sinne zur Mutter: sowohl Mutter ihrer eigenen Kinder als auch Mutter des Volkes. Im letzten und höchsten Sinn ist das Apostolat der Frau in Kirche und Welt das Muttersein, das über die biologische Mutterschaft hinausgeht, hin zur religiösen Sendung, die ihr anvertrauten Seelen zu Gott zu führen. Dorothee wurde durch ihr beharrliches Vertrauen und ihr Loslassenkönnen Werkzeug in der Hand Gottes, indem sie ihrem Mann den Weg bereitete, Friedensstifter und Beter für sein Vaterland zu werden. Darin liegt auch die geschichtliche und kulturelle Bedeutung dieser Frau. Daß dies in unserer der Spiritualität so entfremdeten Zeit nicht erkannt oder unterschätzt wird, ändert nichts an der Wahrheit dieses umfassenden Mysteriums.

Inge M. Hugenschmidt-Thürkauf

Basel, in der Fastenzeit 1990

Erstes Bild

*Auf der linken Seite der Bühne stehen zwei Stühle.
Über dem einen Stuhl, der seitlich mit der Rückenlehne
zum Publikum steht, liegt ein Umhang
(im zweiten Teil des Stückes wird die Schauspielerin
diesen Umhang für die Rolle der Dorothee benützen).
Ein Tisch mit mindestens drei Stühlen steht auf der
rechten Seite der Bühne, ein wenig nach hinten versetzt.
Je nach Größe der Bühne kann ein langgezogener Tisch
mit mehreren Stühlen stehen.*

*Das Licht erhellt die linke Hälfte der Bühne, doch so,
daß der vordere Teil der rechten Seite mitbeleuchtet ist.*

*Marie Curie geht unruhig auf und ab. Sie trägt
ein schlichtes, wadenlanges Kleid.*

Dorothee, hör' mich jetzt bitte zu Ende an.
Denn das, was ich sah...
Es war, als ob das Licht aus tausend
Sonnen über die Welt hereingebrochen
wäre. Ein weißer Feuerball umspannte den
Himmel, und die Erde schien sich aufzutun.
Bilder aus den Erzählungen unserer alten
Leute in Polen über das Jüngste Gericht
flimmerten vor meinen Augen, oder war es
Dantes Inferno, das mit gräßlicher Realität
meine Sinne narrte?

21

Eine Welt versank. Da, wo Bäume,
Blumen, Menschen, Schönheit waren,
grinste die Leere.
Nein, nicht Leere, die wäre noch Gewinn.
Es blieben die Strahlen...

Ja, Dorothee, Strahlen, unsichtbar,
stumm, doch vernichtend bis ins innerste
Mark.
Nach diesem Geschehen wird die Welt nie
mehr sein, was sie war, Dorothee,
denn sie wurde in ihrem Kern getroffen. –
Die Atombombe hat alles verändert.
Sie brachte eine Wende. Doch eine Wende
wohin?

Schuld? ... Wieso Schuld? ...

(ein wenig ärgerlich)
Ja natürlich ist eine Bombe nicht plötzlich
da, du hast recht. Aber ...
Nun, es war doch Krieg. Der Krieg, diese
schreckliche Geißel. Jene, die sie abgeworfen
haben, brachten Tod und Zerstörung,
gesandt natürlich von den Machthabern,
den Politikern, den Militärs; von jenen,
die ihre eigenen Interessen verfolgen.
Sie... sie sind es, die...

Was meinst du, wer hat die Bombe
gemacht? – Ach so! –

(belehrend)
Viele, Dorothee, unzählige haben
an dieser Bombe gearbeitet. Sie ist nicht
die Arbeit eines einzelnen.

(setzt sich Dorothee gegenüber, erklärend)
Das mußt du verstehen, Dorothee, eine so
komplizierte Maschine − nun − sie ist das
Ergebnis wissenschaftlicher Forschung.
Ja − das Resultat des freischaffenden
Geistes vieler Menschen. Gewissermaßen
ein Produkt der Wissenschaft.

Und was stört dich daran?

Ach nein, das verstehst du falsch,
die Wissenschaft ist schuldlos...

... nun, weil sie frei ist. Sie ist nicht ... wie
soll ich dir das nur erklären ...
sie ist nicht an ... Werte gebunden.
Sie ist frei von *jeder* Bindung.

Entschuldige bitte, aber wieso bist du
damit nicht einverstanden.

(beschwörend)
Aber Dorothee, die Menschen sind doch
frei, zu denken und zu tun, was sie für richtig
halten und ganz besonders bei dem, was man
wissenschaftliches Denken nennt.

Nein, nein, ... nicht Bindung ... mein Wille
macht mich frei!

(steht auf, ein wenig indigniert)
Nun gut, bedenken wir einmal die ganze
Entwicklung von Anfang an.
Pierre hat immer großen Wert darauf gelegt,
den Fluß eines Geschehens von seiner
Quelle her zu ergründen.
Also, sag mir doch bitte, wer hat denn die
Bombe gemacht?

Dorothee, überleg dir doch!
Wer ist überhaupt in der Lage, eine Bombe
zu denken, und dazu noch eine
Atombombe?

(wegwerfend)
Die Politiker? – Nein! – Das Militär? –
Doch wohl kaum. Nein, nein, Dorothee
(mit Überlegenheit, aber nicht unfreundlich),
man nennt sie Wissenschaftler, ja, oder
auch Forscher.
Nun, das sind Menschen, die eigentlich in
sorgloser Abgeschiedenheit ihrer Arbeit
nachgehen, geachtet,
zuweilen sogar bewundert. –
Und ich bin eine von ihnen, ja.
Ich, Marie Curie-Sklodowska,
berühmt unter dem Namen Madame Curie.
Ich, eine Frau. ...eine Frau, die der Erde ein
tödliches Geheimnis entrissen hat.
Die Frau ist bestimmt, Leben zu geben,
doch ich brachte einen heimtückischen Tod,
denn mein Geheimnis heißt
Radioaktivität...
Ich habe das Radium entdeckt,
das Strahlende, alles Verbrennende,
das zur Bombe geführt hat.
Das alles durchdringende Radium ...
... und es hat eine so schöne Farbe,
Dorothee, nein, mehr als das,
(emphatisch)
eine eigene Leuchtkraft!

Was sagst du da? – Luzifer? ...

Ja, ja ich weiß, man nennt ihn den Träger
des Lichts...

(mehr zu sich selbst):
Die Radioaktivität als das Licht − Satans?
Vielleicht hast du recht! Denn als ich sie
kommen sah, die Menschen − nach der
Explosion, jene, die nicht durch die Hitze
ausgelöscht wurden, die diesem Feuerofen
entronnen waren ... da habe ich geahnt, daß
hier etwas geschehen sein mußte, wofür es
keine Sprache gibt ... Es war ein Stöhnen
aus dem Innersten der Erde. ... Seit die Welt
besteht, hat es nie solche Bilder gegeben,
Dorothee! Ein Zug Todgeweihter stolperte
die Straße entlang. Zum Teil völlig nackt,
die Haut in Fetzen, um Hilfe flehend, die
niemand in der Lage war, ihnen zu geben,
denn niemand wußte mit den Verletzungen
umzugehen. Das hatte man noch nie
gesehen...

(eilt zur rechten äußeren Seite)
Können Sie nichts tun? ... Ja, Sie −
Sie sind doch Arzt!
Diese gräßlichen Verbrennungen ...
Sie brauchen Wasser,
hören Sie doch, Wasser!

Aber doch nicht dieses ... es ist tot.

(zu einem der Opfer)
Es gibt kein Wasser, es ist tot!

Könnt ihr verzeihen?
Es ist meine Schuld! ...

Ja, auch meine. Denn das, was euch
zerfrißt und was euch langsam auflösen
wird, das habe ich entdeckt und in die Welt
gesetzt − todbringende Strahlen.

Dorothee, die Lebenden werden die Toten beneiden, denn diese Strahlen werden ihren Weg um die ganze Erde finden. Meere und Flüsse werden keine Fische mehr hervorbringen, die Früchte der Felder werden verdorren, und das Lied der Vögel verstummen. ...

Meine Entdeckung hob die Welt aus den Angeln ... Und ich hätte dies alles wissen müssen. Ich war ja das erste Opfer, das sich dieses strahlende Wunder holte.

Meine Hände, meine vom Radium zerfressenen, verwüsteten Hände, die nicht mehr zur Ruhe kommen ... Doch vor diesen schmerzhaften Einwirkungen habe ich meine Augen verschlossen.

Die Bewunderung, ja der Kult für meine Wissenschaft sollte nicht gemindert werden.

(geht wieder auf die rechte Seite!
Mit dünner Stimme zu den Opfern):
Das habe ich nicht gewollt. Ich wollte für das Wohl der Menschheit forschen.
Meine Wissenschaft sollte dienen, nicht töten.

(zu Dorothee):
Mit meinem Radium wurden aber auch viele Menschen geheilt. Von Krebs und mancherlei Geschwulst.

Was ist daraus geworden?
(ins Publikum)
Was habt ihr mit meiner Wissenschaft gemacht? Verkauft! Aber Wissenschaft kann man nicht verkaufen, mit Wissenschaft macht man keine Geschäfte, man kann nicht verkaufen, was man liebt. Hätte ich meine Entdeckung zum Preise angeboten, ich hätte

reich werden können, sehr reich. Aber ich habe die Wissenschaft geliebt, Dorothee, genauso wie Pierre, mein Mann, sie geliebt hat. Sie war unsere geistige Leidenschaft, geboren aus unserem Hunger nach der absoluten Wahrheit.

Du mußt nämlich wissen, Dorothee, meine Arbeit ist untrennbar mit derjenigen meines Mannes verbunden. Wir gehören vielleicht zu den wenigen Menschen, die die Großartigkeit und den Glanz der naturwissenschaftlichen Forschung verkostet haben.

Ja, ich sage Glanz, denn wir standen vor den Naturvorgängen wie Kinder in einer Zauberwelt. Wir waren Abenteurer des Geistes. Das Wagnis des Denkens hat uns mitgerissen. Da bleibt keine Zeit für Launen. Naturwissenschaftliche Gesetze erfordern scharfes Denken. Alle andern Bereiche des Lebens führen in Sackgassen. Nur das Wissen bleibt. Dieser Boden ist fest.

Nein, Dorothee, in der Naturwissenschaft kann man sich nicht irren. Da geht es um Sachen, nicht um Personen!

(erschrocken)
Ja, ja, ja, hier wurden Personen getroffen, Menschen verletzt und getötet, durch das, was ich hervorgebracht habe.

Welch ein Mißbrauch unserer schönen Physik!

Die Menschen waren nicht reif für diese große Entdeckung!

Du hast recht, sind sie überhaupt reif, die Geheimnisse der Natur zu erforschen und

sie in ihre Dienste zu nehmen, zum Wohle
der Menschheit!?

Dorothee, eine Entdeckung, einmal ins
Leben gerufen, ist nicht mehr aus der Welt
zu schaffen, sie bleibt bestehen.

Die Radioaktivität ist ein unlöschbares
Feuer!

(als unterdrückter Aufschrei):

Luzifer!

(sinkt ermattet auf den Stuhl):

Hat es sich gelohnt, dafür zu leiden
und zu kämpfen, so wie ich es getan?
Oder waren meine Leiden sinnlos?

Viele glanzvolle Resultate wurden unter
den qualvollsten Bedingungen geschaffen.
Ist es das, was die Kirche das Kreuz nennt?

Nun — meine Arbeit war Einsamkeit.
Eine Welt des Schweigens
und der Konzentration.
Ein Leben der Askese.

(ein wenig spöttisch):

Du würdest es vielleicht als klösterlich
bezeichnen.

(erstaunt)

Warum hätte ich für die Kirche arbeiten
sollen? Ich diente der Wissenschaft.

Natürlich nicht ... natürlich fürchte ich die
Kirche nicht, und schon gar nicht wegen der
Wahrheit, die sie verwalten soll. Welche
Wahrheit denn? Meine Wahrheit war die
Wissenschaft. Das war für mich Missions-
arbeit und das Laboratorium die geheiligte
Stätte — ein Tempel der Zukunft.

Ach, Dorothee, gibt es etwas Erhabeneres
als den menschlichen Geist, der in die Tiefen

des Wissens eindringen kann?

Und warum sollte ich als Frau nicht all das erforschen können, was bisher nur im Bereich der Männer lag?

Auch mein Geist ist frei und unabhängig!

Niemand kann ermessen, was es bedeutet, nach jahrelanger, mühsamer Forschungsarbeit, unter den primitivsten Verhältnissen, das Resultat einer Entdeckung in Händen zu halten, die noch nie ein Mensch zuvor gesehen hat. Es war wie das Vordringen in neue Erdteile.

Ich hielt es in meiner Hand –
als erster Mensch. Eingeschlossen in eine Ampulle.

Das Radium.

Mit einer Strahlung, die millionenfach stärker ist als die des Uran und alle bisherigen Erfahrungen übersteigt.

(öffnet die Hand):

Es leuchtete – ein geisterhaft-schimmerndes, bläulich-phosphoreszierendes Licht.

(kniet nieder):

Licht aus sich selbst geboren.

Mir hat es sich offenbart.

Ich habe es aus seiner Verborgenheit herausgeholt!

Ich!

(steht auf, wie aus einem Traum erwachend, entschuldigend, doch sachlich zu Dorothee):

Ich wurde dafür ausgezeichnet, und zwar mit dem höchsten Preis, den die Gesellschaft zu vergeben hat.

Von der schwedischen Akademie der Wissenschaften in Stockholm erhielt ich 1903 zusammen mit Pierre für die Entdeckung der Elemente Radium und Polonium den Nobelpreis für Physik. Und einige Jahre

später 1911 den Nobelpreis für Chemie, und
zwar für die chemische Arbeit am Radium
und dessen Isolierung und für die
Untersuchung über die Natur und die
chemische Verbindung dieses wichtigen Elements.
(leise, nicht mehr sachlich):
   Der zweite Nobelpreis wurde mir allein
verliehen. Pierre war schon tot.
   Ein Unfall.
   Sie brachten ihn mir nach Hause.
   Das, was einmal sein Gehirn war, lag
zermalmt im Straßenschmutz der Rue
Dauphine. Sein Gehirn, von dem man sagt,
daß es geholfen habe, die Grundlagen
für das Atomzeitalter zu schaffen —
eine neue Epoche in der Geschichte
der Wissenschaft.
   Mir blieben die Auszeichnungen und
meine Berühmtheit. Sie waren mir gleichgültig, eher lästig. Denn berühmt sein, das
habe ich erfahren, ist geistiges Begraben-
werden.
   Die Menschen wollten mich in ihre
vorgefaßten Meinungen pressen —
welch gefährliche Stufe zum Spießertum.
Ehre und Ruhm erwecken Neid und machen
unfrei.
(kniet sich vor Dorothee nieder):
   Was wir, Pierre und ich, liebten,
wovon wir träumten
und wofür wir uns verzehrten, das war die
unbegrenzte Freiheit unserer Wissenschaft,
unserer Göttin ...
   ... Und Gott? Was meinst du damit? —
Gott?

   Damit kann ich nichts anfangen!
Ihn gibt es doch genausowenig wie Luzifer!

Sicher,
(steht auf)
ich war einmal das, was man gläubig nennt, früher, als Kind, da war ich sogar auf der Suche nach einem Licht, das meine Seele von innen her erwärmen sollte.

Aber das ist schon lange her.

Was jedoch blieb, war eine vage Sehnsucht nach Verehrungswürdigem, nach Größe, ja, und das wurde meine Wissenschaft, Dorothee. Ist das so schwer zu verstehen? Sie hat mich von Gott befreit. Denn seit ich mich der Forschung zugewendet habe, erschien mir der Glaube an einen Gott doch als eine zu dürftige Philosophie.

Übrigens — ist es überhaupt für einen gebildeten Menschen möglich, zu glauben, zu beten oder gar zu hoffen, Gott sei in der Lage, uns zu hören und zu helfen?

Sei mir bitte nicht böse, aber ich meine doch eher, Gott ist eine Erfindung des unselbständigen Geistes auf seiner Suche nach immerwährender Erfüllung.

Nicht Gott schafft das Glück, sondern der Glaube daran. Wer aber wie ich die Quelle allen Glücks, meine Wissenschaft, erfahren hat, ist auf jeden Fall in der Lage, sich all diese Umwege des Glaubenmüssens zu ersparen. Wissenschaft heißt Ewigkeit!

Aber nein, Dorothee, das mußt du nicht gleich so verstehen. Ich hasse Gott nicht — er ist mir nur kein Anliegen. Ich bin viel zu vernünftig, um glauben zu können.

Und das habe ich auch meine Kinder gelehrt. Wir haben sie nicht taufen lassen. Es sollte, wenn sie dann älter geworden sind, ihre eigene Verantwortung sein, welche

Religion sie wählen oder ob sie sich
überhaupt in diese Richtung entscheiden
wollen.

Verstehst du, Dorothee, sie sollten als freie
Menschen aufwachsen, unabhängig, und die
Fähigkeit erlernen, ohne fremde Hilfe, ja,
wenn du willst, ohne Gottes Hilfe, mit den
Schwierigkeiten des Lebens fertig zu
werden.

Warum schaust du mich denn so an,
Dorothee?

Ich weiß, dir erscheinen meine Gedanken
fremd!

Nun, deine Welt ist eben eine andere!

Habe ich dich verletzt?
(sich verteidigend):
Das war aber auch die Meinung von
Pierre, den dein Gott mir genommen hat.
Wo war denn dein Gott, als mein Pierre
starb, als meine Mutter starb?
Ich habe sie beide sehr geliebt, und sie
waren noch so jung. Beide.
Der Tod meiner Mutter hat meinen
Kinderglauben mit ins Grab genommen.

Und Pierre?
Er war vom Schicksal für mich bestimmt.
Zusammen erklommen wir die Stufen der
wissenschaftlichen Forschung. Wir waren
für eine wunderbare Gemeinsamkeit
geschaffen, verstehst du?
Zwei Menschen im Einklang mit der
Sendung, die Geheimnisse der Natur
zu erforschen.

(leise):

Doch als er starb, war alles zu Ende, alles. Die Unerbittlichkeit des Nichts deckte ihn zu. Mir graut vor diesem Nichts, vor dieser Leere, die alles beendet, und die man sterben nennt.

Ach Pierre, geliebter Pierre, wir waren doch der festen Überzeugung, daß aus unserer Entdeckung Segen für die Menschheit erwächst.

Hat sich unser heroischer Kampf im Dienste der Wissenschaft nun in Fluch gewendet?

Warum Dorothee?
(läßt sich erschöpft auf den Stuhl fallen).
Warum?

Zweites Bild

Die Schauspielerin nimmt nun den über dem Stuhl liegenden Umhang und legt ihn an. Damit ist die Rolle der Dorothee angedeutet.

(Dorothee zu Madame Curie):
    Warum? – Warum? – Warum?
Am Ende eines langen Weges
fragen Menschen warum!?
Auch die kluge und gescheite Madame Curie
weicht dieser Frage nicht aus.
    Auf das Warum der Menschen hat nur
Gott eine Antwort, Marie.
(kniet bei Madame Curie nieder):
    Sieh deine Hände,
deine armen, gepeinigten Hände.
Vieles können wir mit unseren Händen tun.
Wir können geben und nehmen.
Wenn wir beten, geben wir, Marie.
    Deine Hände und die Hände
deines geliebten Pierre waren Werkzeuge
zur Erlangung von Erkenntnissen,
die verhüllt in der Erde ruhten,
verborgen von Gottes Barmherzigkeit.
Ihr habt sie ans Licht gezerrt,
ohne zu fragen, ob es gestattet sei.

Überrascht dich das, Marie?
(Dorothee steht auf):
Du bist wohl nicht gewohnt zu bitten?
(holt den Stuhl, auf dem der Umhang gelegen)
hatte und setzt sich neben Madame Curie):
Habt ihr in der Größe und Schönheit der
Schöpfung nicht den Meister aller Dinge
erkannt?

Der Mensch ist doch geschaffen, um Gott
seinem Herrn zu dienen, ihn zu lieben und
dadurch seine Seele zu retten. Und alle die
Dinge auf Erden sind dem Menschen
von Gott gegeben, damit sie ihm helfen,
dieses Ziel zu erreichen.

Deine große Wissenschaft ist mir fremd,
doch die Wahrheit bleibt gültig für alle,
ob gescheit und studiert wie du
oder ob arm im Geiste, wie ich es bin.
Denn in der Schöpfungsgeschichte heißt es:
Und Gott sah alles an, was er geschaffen hat,
und siehe da, es war sehr gut.

Sehr gut, hat er gesagt, das habt ihr wohl
zu wenig bedacht.

Ja, das stimmt Marie, du hattest bei den
Menschen großen Erfolg. Du warst geachtet
und hast die höchsten Preise bekommen.

Aber was bleibt von Ehre und Ruhm?
Du hast ja selbst gesagt, sie erwecken Neid
und machen unfrei.

Nur was wir aus Liebe zu Gott getan
haben, hat Ewigkeitswert. Nur das überlebt
die Jahrhunderte.
(Dorothee lächelt):
In der Kirche werden die Nobelpreise
erst nach dem Tode verliehen.

Ja, Klaus wurde erst 500 Jahre nach
seinem Tode heiliggesprochen.

Die Kirche ist weise. Beim Suchen nach
dem Reiche Gottes gibt Gott uns großzügig
alles andere dazu. Es wäre eigentlich unsere
Pflicht, Gottes Weisheit zu verkünden,
nicht die unsere.

Du schweigst? Marie!

Ja, das ist leider wahr, der Glaube wird oft
falsch gelehrt.

(Dorothee steht auf,
tritt zu Madame Curie an den Bühnenrand):

Aber Marie, hat man dir nie von jenem
Jesus Christus erzählt, der unser
von der Sünde entstelltes Angesicht
gereinigt und uns erlöst hat von allem
Niedrigen. Der bereit ist,
uns so anzunehmen, wie wir sind,
mit all unseren Fehlern, Schwächen und
Leiden, so daß wir alles, was wir haben
und tun, ihm schenken können?
Er ist das Licht, das deine Seele
von innen her erwärmen kann.
Unsere Anstrengungen, für uns selbst
zu arbeiten, machen uns bitter und eng.
Er wandelt die kleinste und unbedeutendste
Tat in seine Größe um.
Sag' mir doch, Marie,
was war denn das für ein Glaube,
der so leicht ersetzt werden konnte
durch etwas, das man Wissenschaft nennt?

Nun, Glaube aus Tradition ist nicht immer
tragfähig, aber Liebe,
und Liebe ist nicht Tradition.

Liebe ist immer neu, auch wenn sie ein
ganzes Leben lang dauert.

Die Liebe zu Jesus Christus fängt jeden
drohenden Absturz ins Nichts auf.
Denn dazu ist er in die Welt gekommen.
Wir sind für das Licht geschaffen, das
Jesus Christus uns gebracht hat, Marie!
Du aber hast dich von Ihm befreit, anstatt
dich für Ihn freizumachen.

Klaus hat einmal gesagt, steck den Zaun
nicht zu weit. Vielleicht dachte er dabei
auch an geistige Zäune, die durch
menschlichen Hochmut die von Gott
gesetzten Grenzen sprengen können.
Er sah tiefer als wir andern.

Ja, − doch − Gott ist in seiner Allmacht
in allen Dingen. Aber − in den
bösen Taten der Menschen ist er
als Gekreuzigter, und ich kann es nur
erahnen, daß er nirgends so sehr gekreuzigt
wurde, wie in dieser deiner Forschung.

(erschrocken):
Nein, nein, Marie, das darfst du
nicht denken, ich verurteile dich nicht,
wie könnte ich auch. Du hast heroisch und
mit höchster Selbstverleugnung danach
gestrebt, deiner Wissenschaft zu dienen.
Alle deine Anstrengungen gingen ja
über das normale Maß hinaus. Nur Heilige
können sich in dieser Weise hingeben,
wie du es tatest. Das Leben der Heiligen
ist im Grunde wie deines − absolut.
Es braucht diese totale Hingabefähigkeit
wie du und Pierre sie hatten,

um heilig zu werden. Doch – Heilige machen sowohl den Himmel als auch die Erde reicher. Durch dein Feuer der Liebe zu den Dingen hast du das Feuer der Hölle gebracht. Dein Leiden für die Wissenschaft, dein Verbrennen für eine Entdeckung, die, wie du sagst, als Hilfe für die Menschheit gedacht war – es wurde sinnlos – wurde zur sinnlosen Tat.

Warum? – Wieder diese Frage, warum?
Du warst eine „Heilige" ohne Gott, Marie!
– Ja! Klaus war ein Heiliger mit Gott!
Er brachte seinem Land den Frieden, und als er starb, ließ er uns einen Hauch des Paradieses zurück.
Ach, die Welt braucht ja im Grunde nicht so sehr der vielen Worte. Sie braucht Heilige, in denen sie Gottes Liebe und seine unendliche Güte erfährt.
Menschen, in denen sie Gott wiedererkennt.

Nein, Klaus war kein Übermensch.
Ein Heiliger kämpft sich nicht von Sieg zu Sieg.
Oft schreit seine Seele aus der Tiefe, damit sie aus der Höhe Antwort erhält.
Und Klaus hat Antwort erhalten.
Eine Antwort, die wir beide nicht wollten, weder er noch ich. Doch Klaus war von frühester Jugend auf bestrebt, den Willen Gottes zu tun, auf Gottes Stimme zu lauschen, um dann zu gehorchen.
Denn der Gehorsam, so sagte er einmal, ist die höchste aller Tugenden.
Er allein befreit uns von unserer Ichbezogenheit.

Doch, ich habe es erfahren Marie,
der Gehorsam ist jene unbegrenzte Freiheit,
von der du und Pierre geträumt haben!
(Dorothee lächelt):
Ein für dich wohl befremdlicher Gedanke,
nicht wahr?

Nun, Marie, ich kann dich trösten,
nicht nur für dich!

Ja, ja, Marie, Klaus war ein Mensch, der
den Willen Gottes umarmte. Er wußte,
daß da, wo Gottes Wille geschieht,
auf Erden ein Stück Himmel werden kann.

Und ich?

Ich habe dies erst allmählich gelernt,
lernen müssen. Jeder muß den Weg des
Kreuzes allein gehen.
Denn der Mittler zwischen Gott
und Mensch, das ist das Kreuz.
Ich muß dir gestehen, Marie,
es war ein einsamer und schmerzlicher Weg.
Was sollte man auch von einem Mann
halten, der, um Gott näher sein zu können,
seine Frau und seine zehn Kinder verläßt.
(mit heiterer Selbstverständlichkeit)
Ja, wir hatten zehn Kinder, Marie.
Ich weiß, ich weiß, menschlich gesehen
war sein Fortgehen unbegreiflich.
Aber ein Werkzeug, von Gott erwählt,
leidet Gewalt. Es war sehr leidvoll,
den Kindern den Weggang des Vaters
erklären zu müssen.
Mit Vreni war es am schwierigsten. Es hat
sie am empfindlichsten getroffen, denn sie

hing mit großer Zärtlichkeit an ihrem Vater.

Aber wir durften erfahren, daß dort,
wo Gott Wunden schlägt,
er sie auch verbindet.

Doch was wir zunächst erleben mußten,
war nichts als Leiden.

Vreni war noch zu jung, um die Tiefe
dieses Geschehens begreifen zu können,
aber schon alt genug, um sich mit ihrer
ganzen Weiblichkeit dagegen aufzulehnen.
Mit Schmerzen erinnere ich mich an die
Aussprache mit ihr, einige Zeit nach dem
Weggang von Klaus.

Drittes Bild

*Der rechte Teil der Bühne mit dem Tisch wird hell
erleuchtet, während die linke Seite langsam eindunkelt.*

(Dorothee zu Vreni):
   Vreni, wo willst du denn hin?

   Zum Vater? Aber − er ist doch fort!

   Im Ranft? − Woher weißt du das?
Wer sagt, daß er im Ranft ist?
Nur einige hundert Schritte von hier?

   Ich komme mit! ...
(sich besinnend, erschrocken):
   Nein, nein, das können wir nicht.
Vreni, komm zurück!

(zu sich selbst):
   Ich muß warten!
(laut):
   Ich muß warten bis Vater mich ruft.
Ich darf mein Ja nicht zurücknehmen.
Es wäre wie ein Verrat.

   Das verstehst du nicht! Ich auch nicht!
Gott weiß! Gott versteht, und darauf kommt
es an.

Wie kannst du nur in diesem Ton von deinem Vater reden.

Er ist doch nicht davongelaufen. Er ist doch nicht aus einer Laune heraus von uns weggegangen, nur so zum Vergnügen. Du kennst doch Vater. Er war immer anders als die andern Menschen. Schon als junger Mann lebte er in immerwährender Verbundenheit mit Gott. Und diese Verbundenheit hat ihn nie verlassen, auch später nicht, als er in viele weltliche Geschäfte verstrickt war, als Rat und Richter, oder als Rottmeister während der vielen Kriege. In der Vergänglichkeit des Irdischen fand er immer wieder die Gegenwart Gottes.

Das Geschwätz der Leute geht uns nichts an! Die Leute reden immer dann am meisten, wenn sie nichts zu sagen haben.

(setzt sich auf den Stuhl links vom Tisch):
Nein Vreni, so war es nicht. Vater wollte nicht Mönch werden und in ein Kloster gehen. Davon war nie die Rede.
Warum hätte er dies tun sollen?
Sein Wunsch war zu heiraten, in seiner eigenen Familie zu Hause zu sein.
Und – er wollte – mich – und Euch, Kind.
Du hättest ihn sehen sollen, früher, bei den Festen mit den Freunden, beim Tanz...
Das alles, was jetzt geschehen ist – es war nicht seine Entscheidung. Er ging nicht von sich aus – und vor allen Dingen – er ging nicht ohne mein Einverständnis.

Gott hat ihn gerufen, das ist richtig.
Doch als er ihn rief, rief er auch mich.
Gott wollte auch mein Ja, Vreni.
Und ich habe dieses Ja gegeben.
(steht auf, tritt hinter den Tisch):
    Wer kann begreifen, was es bedeutet,
wenn Gott einen Menschen erfaßt,
ihn berührt – und diese unstillbare
Sehnsucht nach Heiligem zurückläßt.
    Ich glaube, jeder Mensch erfährt diese
Berührung. Es ist die Stunde der Gnade.
Sie wird jedem gewährt. Man darf sie nicht
verpassen.

(geht zu Vreni):
    Wovor fürchtest du dich denn, Kind?

    Hab' doch keine Angst! Gott ist nicht
immer so hart! So wie mir wird es dir nicht
ergehen. Dein Kreuz wird ein anderes sein.
Es hat so viele Gesichter. Jedem wird das
Kreuz so bemessen, wie es auf seine
Schultern paßt, weil jeder Mensch ein
einmaliger, ewiger Gedanke Gottes ist.
Doch sucht sich Gott auch Freiwillige,
die bereit sind, ein wenig mehr zu tragen,
und ich glaube, ich gehöre zu diesen.

    Nein, Vreni, Vater ist trotz allem mit uns
zutiefst verbunden. Ich bleibe seine Frau in
Zeit und Ewigkeit und ihr seine geliebten
Kinder, wir gehören doch zusammen.
    Aber was Gott verbunden hat,
darf er auch lösen. Es ist ein wenig wie
Sterben, so zwischen Leben und Tod.

    Hilf mir doch Vreni!
Allein ist es so schwer!

Was willst du sein?
Ein Mann?

(lacht, nicht laut, aber heiter)
Wie kommst du denn darauf?
Ach, ich erinnere mich, die Richterin
macht öfters solche Bemerkungen!

Hat sie dir den Kopf vollgeschwatzt?
Ideen! − Ideen!

Glaubst du wirklich ein Mann hätte es
leichter, er würde nicht leiden?
(in ernstem Ton)
Du, hör' mal, meinst du im Ernst,
Vater leidet nicht unter der Trennung −
dort unten im Ranft?
Wenn man liebt, leidet man, Vreni.
Es gibt keine Liebe ohne Leiden.
Und je größer die Liebe, um so größer
das Leiden.

Aber Vreni,
(geht zu ihr hin, begütigend)
also der liebe Gott hat sich wirklich etwas
dabei gedacht, als er dich als Frau geschaffen
hat. Er wollte dich so wie du bist und nicht
anders. Und jeder hat seine Aufgabe, die
Frau die ihre und der Mann die seine.
Vor Gott sind beide gleich, und darauf
kommt es an.

Meine Mutter sagte mir noch lange vor
unserer Heirat: „Sei Klaus eine Hilfe."
Ich verstand damals auch nicht so recht,
warum sie gerade darauf so großen Wert
legen wollte. Es erschien mir selbstver-
ständlich. Ich liebte ihn doch. Erst als Vater
anfing, sich immer mehr von uns
zurückzuziehen, als er die Nächte und fast

auch die Tage nurmehr im Gebet verbrachte, begann ich zu spüren, daß er wie nie zuvor meine Hilfe brauchte.

Gott selbst hat ja gesagt: „Ich will ihm eine Hilfe machen, ihm zur Seite."

Hilfe sein zu dürfen, ist also etwas ganz mit Gott verbundenes. In der Bibel ist „Hilfe" sogar eine Gottesbezeichnung.

Doch, doch! „Der Herr ist meine Hilfe und mein Heil". „Der Herr ist meine Hilfe und meine Kraft", heißt es da immer wieder.

So könnte man eigentlich sagen, daß Gott durch die Frau allen, dem Mann, den Kindern, der ganzen Familie, Hilfe, Heil und Kraft ist.
(mehr für sich)
Eine Hilfe, ohne die ja wirklich alle hilflos wären.

Im Grunde eine große und wunderbare Aufgabe für die Frau, findest du nicht auch, Vreni?

Was machst du denn für ein Gesicht?

Ist es dir zuviel? — Oder zuwenig?

Laß dich doch nicht vom Gerede der Richterin verwirren, du siehst ja selbst wie unzufrieden und freudlos sie ist.

Das begreife ich ja, Kind! Sicher — die Sehnsucht nach einer, wie soll ich sagen — nach einer gewissen Unabhängigkeit oder Ungebundenheit ist das Vorrecht der Jugend. Und ich glaube, das ist auch gut so! Aber Bindungslosigkeit ist doch kein Lebensinhalt. Man rennt sehr leicht am Ziel vorbei und steht am Ende mit leeren Händen da — einsam und verbittert und voller Anklage dem Nächsten gegenüber.

(steht auf und geht zum Fenster):
Ich glaube, es gibt noch ein Gewitter.
Du solltest mal nachsehen, ob Hans und
Walter mit dem Flachs zurechtkommen,
aber bevor du gehst, versprich mir eins,
geh' nicht in den Ranft, warte bis Vater
uns ruft, versprich's!

Ach Vreni, du hast ja recht, es ist wirklich
nicht einfach, einen heiligmäßigen Vater
zu haben. Die Verpflichtung für euch und
natürlich auch für mich ist fast erdrückend.
Es wird wohl immer so sein, daß wir in viel
zu großen Schuhen hinter ihm herlaufen.
Aber versuchen können wir es trotzdem,
oder?

Was immer auch in der nächsten Zeit
geschehen wird, was immer auf uns
zukommt — ich brauch' jetzt deine
Hilfe, Kind, und zwar ganz fest!

Gut, ich danke dir!
Oh lauf, es regnet schon — und
(ihr nachrufend)
hol' mir doch noch den Franz, er muß mir
mit dem Holz helfen!

Viertes Bild

Dorothee steht vor dem Kruzifix, das vorne rechts am Bühnenrand angedeutet wird, gegen das Publikum.

Ach, lieber Heiland, es tut so weh.
Er ist im Ranft unten, hat Vreni gesagt.
Vor den andern kann ich so reden und
tun, als ob alles schon überwunden wäre.
Gar nichts ist überwunden...
Folge mir nach, hast Du zu vielen gesagt,
und sie haben alles verlassen und sind Dir
nachgefolgt. Das liest sich so erhaben in der
Heiligen Schrift. Aber wenn es einen trifft...
Doch wie können wir Dich,
unseren Herrn und Heiland, durch das
Dunkel und die Kälte dieser Welt tragen,
wenn unsere Herzen nicht für Dich
verbrennen?
Herr, entzünde uns mit dem Feuer Deiner
Liebe und sende uns Deinen Heiligen Geist,
damit wir in allem, was uns geschieht, Deinen
heiligen Willen erkennen.
Du hast nun meinen geliebten Klaus mit
den Banden Deiner Liebe an Dich gezogen,
wie könnte ich sie da zerreißen. Du allein
kennst die tausend kleinen Fäden, die uns
beide verbinden.

So will ich nun wie die Mutter unter dem Kreuz mein Opfer zu dem Deinen legen, dann werden wir eins.

(Sie macht das Kreuzzeichen.)

Fünftes Bild

Dorothee geht zu Madame Curie an den linken Bühnenrand. Das Licht auf der linken Seite wird hell, während die rechte Seite langsam dunkel wird.

(Dorothee zu Marie)
Ja, Marie, so war das − damals −
vor vielen Jahren − Es ist schon lange her −
und doch ...

Was mir geblieben ist?

Die Freude des Kaufmanns.
der seinen Schatz im Acker gefunden hat.
Die verborgene Freude, die ein Geheimnis
bewahrt.

Meinst du? *(setzt sich)* Vom irdischen
Denken aus gesehen, hat dieses Opfer des
Verzichts auf meinen geliebten Klaus
das menschliche Maß überstiegen.
Sicher sogar, wenn man nur an sich selbst
denkt. Doch es war nicht umsonst.
Es war sehr gut, weil Gott es so
wollte!
Gut die Trennung *unserer* wunderbaren
Gemeinsamkeit. Gut die geschlagenen
Wunden, die nur der Himmel heilt.

Denn all dieses Leid geschah aus Liebe,
und Liebe wächst nur aus dem Opfer.
Liebe ohne Opfer stirbt.
Der Friede, den Klaus seinem Land
erbeten durfte – er war die Frucht unseres
Opfers.

Ja, unseres, Marie – seines, meines – und
auch der Kinder Opfer. Dieser Friede hat
die Jahrhunderte überdauert, denn der
Friede wurde in Gott gelegt, und Gott ist
der Friede. Und er wird nur solange währen,
wie wir alle uns mit Gott verbinden.
Nicht länger!
Nein, nein Marie,
*(Dorothee holt Marie neben sich auf den
rechten Stuhl)*
dein Leben war nicht bloß Schuld.
Nur hat dich das falsche Feuer verzehrt,
und deshalb fiel dir beides zu:
Opfer und Schuld.

Du fragst nach einem barmherzigen Gott?
Du hast ihm bei deinem Einsatz an der
Front während des großen Krieges gedient,
ohne daß du es wußtest, Marie.
Aus Liebe zu den Leidenden.
Wir werden von Gottes Liebe nach
unserer Liebe gerichtet. Und Gott
liebt uns nicht, weil wir so vollkommen sind,
sondern weil wir seine Kinder sind.
Zwar entrinnt niemand Gottes
Gerechtigkeit, aber auch sein Erbarmen
ist uns gewiß.

Nein, weil er gerecht ist, ist er auch
barmherzig. Aber wer schon
kann Gottes Barmherzigkeit begreifen?
Doch nur ein Kind.

(steht auf, tritt an die Bühnenrampe)
    Komm, Marie, sprich mit mir das Gebet,
das mich Klaus gelehrt hat, sprich es für alle,
die zweifeln,
für alle, die suchen, für alle, die leiden;
sprich es für dich, deinen Pierre und für all
jene, die Opfer deiner Wissenschaft
geworden sind:

Mein Herr und mein Gott,
nimm alles von mir,
was mich hindert zu Dir.

Mein Herr und mein Gott,
gib alles mir,
was mich führet zu Dir.

Mein Herr und mein Gott,
nimm mich mir
und gib mich ganz zu eigen Dir.

(Das Licht erlischt langsam. Dunkel).

HABT
KEINE ANGST

Szenen
christlicher Hoffnung

Gedanken zu „Habt keine Angst"

Der Ursprung dieses Stückes geht zurück auf eine Zusammenarbeit mit meinem Mann, Max Thürkauf, im Jahre 1978. Damals brachten wir in einer losen Folge von Szenen mit Texten verschiedener Autoren ein Theaterstück unter dem Titel „Die 2. Regierung des A.S." heraus. Eine dieser Szenen basierte auf einem Bericht der russischen Untergrundliteratur „Samisdat". Im Verlaufe der Jahre erarbeitete ich aus diesem Bericht ein eigenständiges Stück, das ich in verschiedenen Fassungen seit Beginn der achtziger Jahre spiele. Die vorliegende Bearbeitung dürfte wohl die endgültige sein, weshalb sie nun in die zweite Auflage von „Ein Feuer, das brennt" aufgenommen wurde.

Der erste Teil des Stückes spielt noch in einer Zeit als in den ehemaligen Ostblockländern ungezählte Menschen wegen ihres Glaubens an Jesus Christus, Folter, Gefängnis und Tod auf sich nehmen mußten. Die Szene zu Beginn nach der Begrüßung schildert das Verhör einer Christin, die gegenüber einer marxistischen Psychiaterin ihren Glauben verteidigt. (Um die Echtheit und Glaubwürdigkeit der darin enthaltenden Aussagen zu unterstreichen, habe ich einige wörtliche Zitate aus wirklichen Verhören, denen gläubige Christen in der ehemaligen Sowjetunion unterzogen wurden, aus dem Buch „Opposition — Eine neue Geisteskrankheit in der Sowjetunion?", eine Dokumentation von Wladimir Bukowskij entnommen, siehe Anmerkungen.)

Da Religiosität für die Psychiaterin Ausdruck einer krankhaften Neigung ist, sollte die Christin, wie viele ihrer Glaubensgenossen, in eine psychiatrische Spezialklinik eingeliefert werden, wird aber im Verlauf der Entwicklung von Glasnost und Perestroika in Richtung einer religiösen Freiheit vor die Wahl zwischen Gefangenschaft oder Landesverweisung gestellt. Sie nimmt das Kreuz der Fremde auf sich, muß aber mit Trauer feststellen, daß sich der Westen, in den sie abgeschoben wurde, in erschreckender Weise von Gott abgewandt hat. Hier, wo die Menschen frei sind, ihren Glauben zu bekennen, machen sie sich mit schläfriger Bereitwilligkeit den praktischen Atheismus zu eigen, versenken die christliche Kultur in einer gottlosen Zivilisation. (Diese Situation wird im zweiten Teil in einem Interview mit zwei westlichen Journalisten zur Darstellung gebracht.)

Durch wie viele „Kreise der Hölle" werden wir hier im Westen gehen müssen, um zu jener Einfachheit des Glaubens an den Gekreuzigten und Auferstandenen zu gelangen, die für viele, die in den Straflagern um Christi willen gelitten haben, Wahrheit geworden ist? Weisen unsere Verirrungen darauf hin, daß die Kirche Christi eine verfolgte Kirche sein muß, um ihrem Auftrag gerecht zu werden, „Licht in der Finsternis" und „Salz der Erde" zu sein? Muß auch die westliche Kirche eine Märtyrerkirche werden, damit das unschätzbare Gut der von Gott geschenkten Freiheit uns ins Bewußtsein dringt? Sie wird es werden, wenn wir unsere vielbeschworene Mündigkeit nicht dafür verwenden, die Gebote Gottes zu befolgen und den Auftrag Christ, vollkommen zu werden — heilig zu werden — ernstnehmen. Denn die Auswüchse unserer modernistischen Theologie halten keinem GULAG stand, und in der Stunde des Todes sind sie wenig hilfreich auf unserem Weg in das Reich des Vaters.

Kaum eine Frage beschäftigt den Menschen intensiver, als jene nach dem Sinn des Lebens. Dabei wird nur allzu oft übersehen, daß Sinngebung nicht vorrangig im materiellen, sondern letztlich im geistigen Bereich zu suchen ist.

Materie kann niemals Sinn geben, Sinn ist Geist, und Geist ist immer Person. Der Geist, der Sinn verleiht, ist Gott, der in der Person Jesus Christus Mensch geworden ist.

Das alles ist jedoch eine Frage des Glaubens, der heute von so vielen Seiten angegriffen wird und daher rar geworden ist. Der Glaube aber ist das Maß, an dem Jesus seine Wunder wirkte. „Selig bist Du, weil Du geglaubt hast", sagte er immer wieder, bevor er einen Menschen heilte.
Heute wird der Glaube unglücklicherweise mit einem religiösen Gefühl verwechselt. Die neue Religion „New Age", die in erschreckendem Maße versucht, auch im geistig ebenfalls orientierungslosen Osten Fuß zu fassen, will die Wirklichkeit des Glaubens durch die Einbildung des Gefühls ersetzen.

Obwohl in den Ostblockländern der Kommunismus marxistisch-leninistischer Prägung offiziell zusammengebrochen ist, dürfen wir nicht vergessen, daß noch in vielen Ländern der Welt durch die marxistische Ideologie Menschen ihres Glaubens wegen verfolgt und getötet werden. Möge unser, durch mißbrauchte Freiheit kraftlos gewordenes Christentum aus dem Mut der Märtyrer kommunistischer Herrschaft neuen Glauben, neue Hoffnung, neue Liebe und neues Leben schöpfen.

Inge M. Hugenschmidt-Thürkauf

Weil am Rhein, im Januar 1996

Erste Szene:
Begrüßung

Die Christin tritt bei offener Bühne auf. Während der Begrüßung stellt sie die drei Stühle, die im Hintergrund aufgebaut sind, in die von ihr gewünschte Position. Zwei Stühle deuten ein Büro an, den einen für die Christin, den andern ihr gegenüber für die Psychiaterin. Der dritte Stuhl wird für die Szene im Gefängnis benötigt.
Sämtliche Rollen werden von nur einer Person gespielt. Die Schauspielerin deutet durch ihr Spiel die imaginären Partner an.

Grüß Gott zusammen!

Ich bin gekommen, um Ihnen eine Geschichte zu erzählen. Es ist die Geschichte eines Menschen, der Gott suchte und ihn fand. Wie viele Menschen sind heute auf der Suche, doch sie rennen Phantomen nach. Gott läßt sich aber dem Suchenden finden. Nun, ich möchte Ihnen alles der Reihe nach berichten:

Es sind nun schon einige Jahre her, seit ich hier in den Westen gekommen bin. Allerdings, und dies muß ich leider sagen, nicht freiwillig. Ich wurde aus meiner Heimat ausgewiesen. Damals sagte ich mir: Nun gehst du also in den Westen, in die Freiheit. Hinter diesen beiden Wörtern steckten unerhörte Erwartungen. Sie können sich das gar nicht vorstellen. Denn ich komme aus einem

Land, in dem bis vor kurzem der Begriff „Freiheit" nur in Träumen existierte.

Das Land, das ich seit meiner Kindheit als meine Heimat betrachte, war nämlich ein Land, in dem über Jahrzehnte hinweg Freiheit und daher auch Liebe geleugnet wurden. Mit anderen Worten, in dem Christus geleugnet wurde, denn Christus hat den Menschen vor 2000 Jahren Freiheit und Liebe gebracht.

Nun lebe ich hier im Westen, in dem es Freiheit gibt, viel Freiheit — aber wenig Liebe. Wird also auch hier Christus geleugnet? Oft frage ich mich, wie es möglich ist, in Freiheit zu leben und Gott nicht zu bekennen — in der täglich Arbeit, in der Schule, im Umgang mit den Menschen. Was von einem Menschen bleibt, der keinen Glauben hat, habe ich in meiner Heimat erlebt. Das soll keine Anklage sein, ich möchte damit nur sagen: Ein Mensch ohne Glauben an Jesus Christus ist ein Mensch ohne Hoffnung.

Nun ist ja auch meine Heimat „in die Freiheit entlassen" worden, wie es in einigen Kommentaren so elegant formuliert wurde. Doch die Frage: Wohin dieser Weg, der sich Freiheit nennt, führt, ist sicher berechtigt. Denn wir dürfen eines nicht vergessen, der Marxismus-Leninismus, der den Osten Europas über 70 Jahre lang geknechtet hat, und der noch lange nicht überwunden ist (es gibt immer noch Länder, die vom Kommunismus beherrscht werden, darunter China mit über einer Milliarde Menschen), dieser Kommunismus marxistisch-leninistischer Prägung war die Begegnung unseres Jahrhunderts mit dem personalen Bösen. Dieses satanische System, das nun offiziell zusammengebrochen ist, war der Ausdruck eines abgrundtiefen Hasses gegen Gott. Ein Kampf gegen Christus und seine Kirche. Ist dieser Kampf wohl beendet?

Etwas hat diese jahrzehntelange Diktatur des Bösen wenigstens gezeigt: das Menschenbild des Marxismus-Leninismus ist nicht zu ändern, es ist nur zum Scheitern verurteilt. Der Westen aber — und dies muß ich hier leider sagen — hat sich mit schläfriger Bereitwilligkeit dieses menschenverachtende antichristliche Gedankengut zu eigen gemacht. Denn die freiwillige Ablehnung Gottes birgt in sich noch weit größere Gefahren, als sie der Marxismus uns gebracht hat und deutet an, daß der Kampf gegen Christus noch lange nicht zu Ende ist, daß er möglicherweise erneut beginnt, und zwar durch die auf der ganzen Welt sich schleichend ausbreitende Bewegung der sogenannten „sanften Verschwörung" von „New Age", dem „Neuen Zeitalter" in der „Neuen Weltordnung". Lassen wir uns nicht täuschen: das was Millionen Menschen an Verfolgung unter dem Marxismus erleiden mußten, kann in gleicher Weise auch unter dem „Neuen Zeitalter" geschehen, dessen Ideologie sich ja schon überall bis in die kleinsten Bereiche unseres Lebens eingenistet hat.

Daher möchte ich am Beispiel eines der Verhöre, denen ich in meiner Heimat unterzogen wurde, schildern, wie sich eine Glaubensverfolgung äußern kann. Welcher Druck auf einen Menschen ausgeübt wird, der sich zu Jesus Christus bekennt. Und ein solches Verhör ist in der Gedankenwelt von „New Age" durchaus vorstellbar.

So möchte ich nun berichten, wie es dazu kam, daß ich nicht mehr in meiner Heimat lebe. Die Ursache dafür ist Ihnen vielleicht nicht von Bedeutung — doch mein Leben wurde dadurch von Grund auf verändert:

Ich habe in unserem atheistischen Land Gott gefunden und ihn öffentlich bekannt. Das war, wie ich schon sagte, bei uns lange Jahrzehnte verboten.

Wissen Sie, was das bedeutet — Gott finden? Den Gott der Liebe finden in einer Welt des Hasses?

Ich war eine von jenen, die aufgrund ihres Glaubens an Gott in eine psychiatrische Klinik hätte eingeliefert werden sollen. Man hat mich zwar zunächst gewarnt, dann bedroht und zuletzt verfolgt. Wochenlang wurde ich beobachtet. *(Sie spielt die Szene)*

> Von einem Fenster aus habe ich sie gesehen. So beobachteten wir einander. Es waren drei Männer, die sich gegenseitig abwechselten.

Zwei eher bleichsüchtige jüngere Burschen und ein großgewachsener zur Korpulenz neigender älterer Mann. Sie taten mir leid, wie sie mißmutig und verbissen diesen ekelhaften Beruf des Spitzels ausübten. Sie kennen nur Haß, nie in ihrem Leben haben sie Liebe erfahren, weil sie nie in ihrem Leben Gott, Gottes Liebe, erfahren durften. Wir lebten in einem System, das den militanten Gotteshaß lehrte.

Was hier im Westen ein wenig abschätzig als altherkömmliches Brauchtum betrachtet wird, nämlich der christliche Glaube, haben

Millionen Menschen mit dem Leben bezahlt. Sie sind für die hier so viel geschmähte Tradition gestorben.

Eines Tages, wahrscheinlich wurden sie des Beobachtens müde, schickten sie mir eine Krankenschwester mit einer Vorladung zu einer Untersuchung in der psychiatrischen Klinik. Sie stellte sich mir als Verteidigerin der Menschenrechte vor. Fast hätte ich lachen müssen. Das Wort Menschenrechte wollte nicht so recht über ihre Lippen. Doch ihr Gesicht war nicht unsympathisch. Hätte ich nicht gewußt, zu welcher Farce das Regime fähig ist, ich wäre vielleicht noch darauf reingefallen. Doch die Tatsache, daß sie mir mit höflichem Lächeln diese Vorladung zeigte, machte mir meine unmittelbare Zukunft bewußt. Sie war genau über mein Schicksal informiert. Ich war ihr jedoch nicht böse, sie ist ebenso ein Opfer des Regimes, wie ich es selbst bin. Unsere gemeinsame Tragödie besteht darin, daß uns nicht der Glaube an Gott gelehrt, sondern der Glaube an die Partei, an den Staat eingeimpft wurde.

Ich wurde gebeten, mich freiwillig einer psychiatrischen Untersuchung zu unterziehen. *(Spielt die Szene)*

Ich lasse mich nicht untersuchen, ich bin vollkommen gesund. Wenn das Krankenhaus mich braucht, sollen sie kommen und mich holen.

Und genau dies geschah. Eines Tages holten sie mich ab, von meinem Arbeitsplatz. Nur für ein paar Stunden, sagten sie. Es wurden Monate daraus.

Zweite Szene: Gefängnis

„Wie einen Verbrecher haben sie mich in eine Anstalt gesperrt, im Glauben, mein Bekenntnis zum Christentum zu verhindern. Eine Frage ergibt sich naturgemäß. Sind sie allmächtig? Auf den ersten Blick scheint es so."[1] Doch es wird ihnen nicht gelingen, mich von Christus zu trennen.

Wenn ich behaupten würde, ich hätte keine Angst, würde ich lügen. Ich habe Angst — große Angst sogar. Angst für immer von meinem Mann und meinem Sohn getrennt zu werden. Angst vor der Folter. Ich bin kein Held. Aber ich weiß, daß Christus diesen Weg der Angst mit mir gehen wird, weil er selbst ihn auch gegangen ist im Garten Gethsemani.

„Vater, wenn es möglich ist, so lasse diesen Kelch an mir vorübergehen, aber nicht mein, sondern Dein Wille geschehe."[2] Haben sie Dich verfolgt, werden sie auch uns verfolgen. Die Gewißheit, daß Christus im Kreuz mir nahe ist, macht mich ruhig, und ich fühle mich geborgen in Seiner behütenden Hand. Wird es diesmal gut gehen, werden sie mich freilassen, oder wird man in ein paar Monaten oder Jahren meinem Mann eine Frau zurückbringen, die man zu einem geifernden, kichernden Idioten gemacht hat. „Der Wille des Herrn geschehe in allem. Ob sie mich verrückt machen oder mir den Verstand lassen, alles ist gut und schön unter dem unfehlbaren Himmel. Ich nehme alles hin, was Gott mir schickt."[3)]

Die Krankenschwester kommt wieder, komisch, daß sie immer lächelt. Das ist normalerweise hier nicht üblich. Sie führt mich in eine Arztpraxis. Eine Frau in einem weißen Kittel kommt mir entgegen. Sie setzt sich und beginnt mit dem Verhör:

Dritte Szene:
Verhör Psychiaterin - Christin

Psychiaterin: Genossin, warum haben Sie sich so hartnäk-
kig geweigert, unserer Vorladung Folge zu
leisten?

Christin: Weil ich mich nicht als krank betrachte.

Psychiaterin: Sie sind aber verpflichtet, sich zu melden.

Christin: Es gibt kein Gesetz, demgemäß ich verpflichtet wäre, mich in einem Irrenhaus zu
melden. Wenn Sie sicher sind, daß Sie im
Recht sind, dann behalten Sie mich doch
einfach hier. Ich hatte nicht die Absicht, freiwillig zu Ihnen zu kommen.

Psychiaterin: So — na ja — wir werden dies alles später
abklären. Zunächst wollen wir hier einige
Fragen stellen. Sagen Sie mal, sind Sie eigentlich wirklich gläubig?

Christin: Ja, ich bin gläubig, ich glaube an Gott. —
Wissen Sie, daß auch Sie ein gläubiger
Mensch sind? Ja, Sie! Sie *glauben*, daß Sie
nicht an Gott glauben. Beweisen können Sie
Ihren Unglauben genau so wenig wie ich
meinen Glauben.

Psychiaterin: Wenn ich schon an etwas glauben muß, so
glaube ich an den Marxismus. „Alle Bürger
unseres Landes glauben an den Marxismus."[4]

69

Christin: Sicher, der Kommunismus, der Marxismus, ist ja auch im Letzten fehlgeleitete Religiosität ... der militante Gotteshaß, mit dem er auftritt, ist ein klares Zeichen einer Anti-Religion.

Psychiaterin: Der Marxismus ist doch keine Religion, er ist eine philosophische Wissenschaft ... äh ... ich meine natürlich, eine wissenschaftliche Philosophie.

Christin: Wenn es Wissenschaft ist, braucht es keinen Glauben. Wissenschaft weiß man.

Psychiaterin: „Der Marxismus ist eine philosophische ... äh ... wissenschaftliche Philosophie. Damit sind Sie doch einverstanden.

Christin: Ich betrachte den Marxismus nicht als Wissenschaft."[5]

Psychiaterin: Wie bitte?

Christin: Sie haben so eben gesagt, alle Bürger unseres Landes glauben, *glauben* an den Marxismus, also ist er doch keine Wissenschaft. Und — „Sie werden mir doch wohl zustimmen: wenn ich den Marxismus als wissenschaftliche Wahrheit betrachtete, wäre ich doch kein Christ."[6]

Psychiaterin: Na gut, gut, gut, Sie bezeichnen sich also als Christ. Aber sagen Sie mir bitte, wie bringen Sie eigentlich Ihr Christentum zum Ausdruck? Wie verhalten Sie sich dabei?

Christin: Nun, das ist weiter kein Geheimnis. Ich liebe meinen Nächsten, auch die, die mich verfolgen. Ich liebe den Menschen, denn er ist Gottes Schöpfung — und — ich bete und gehe zur Kirche.

Psychiaterin: Also doch die Kirche … Und Sie glauben, das genügt … beten, zur Kirche gehen und — wie sagten Sie noch? — den Nächsten lieben.

Christin: Oh, das Gebet ist eine große Kraft. Wir sind hier nur wenige, aber es werden immer mehr. Und in Vereinigung mit Christus und der Muttergottes werden wir den Marxismus, den Materialismus, überwinden. — Die Genossen, haben doch sicher alle Bereiche des menschlichen Lebens genauestens studiert: die Schule, die Wirtschaft, die Wissenschaft, die Presse und auch die Kirche. Aber das allerwichtigste, nein, das allernotwendigste, das haben sie vergessen: den Heiligen Geist! Und deshalb werden sie diesen Kampf verlieren.

Psychiaterin: Möglich, möglich … denn Euer Evangelium ist ja wirklich eine viel mächtigere Sache zur Erneuerung der Gesellschaft als unsere marxistische Weltanschauung. Das wissen wir ja auch! … Ihr behauptet von uns, wir seien die Elite Satans … na, vielleicht … aber Ihr, was seid denn Ihr, seid Ihr denn die Elite Gottes? … Sehen Sie, und deshalb werden wir siegen, … uns sollte es doch nach 2000 Jahren beten gar nicht geben!

Christin: Das ist allerdings wahr, wir Christen haben versagt. Wir haben das Evangelium nicht gelebt. Wir haben höchstens von unserem Besitz gegeben, nicht aber uns selbst. Und Sie haben recht. Ein schlechter Christ ist eben ein viel schlechterer Mensch als ein schlechter Nichtchrist, weil der Christ das Gute in Fülle hat — das Evangelium. Doch gerade deshalb wird Christus siegen, und zwar hier

in unserem Land. Wir lassen uns die göttlichen Wahrheiten nicht länger vorenthalten.
Der Mensch kann wohl gottlos werden, aber
es wird ihm nie gelingen, Gott los zu werden.

Psychiaterin: „Kommen wir nun zum Kernpunkt unserer
Diskussion. Sehen Sie, das, was Sie hier be-
treiben, heißt religiöse Agitation. Natürlich
besteht bei uns Gewissensfreiheit, wie auch
die Freiheit, seine religiösen Bedürfnisse zu
befriedigen, nicht aber die Freiheit, zugunsten der Religion zu agitieren. Das ist gesetz-
lich verboten ...

Christin: Jede Form des Glaubensbekenntnisses stört
die Ruhe des atheistischen Daseins. Es weckt
das Denken und stellt schon dadurch eine
Agitation zugunsten Gottes dar.

Psychiaterin: ... Faktisch schaden Sie dem bestehenden
Regime, indem Sie verlorene Schafe in den
Schoß der Kirche zurückführen. Und dieses
Regime ... ist ziemlich hart, es duldet keine
derartige Betätigung. Sie müssen endlich begreifen lernen, daß die Sicherheitspolizei
sich den Teufel um die Gesetze schert. ...
Ich betrachte Sie, und Sie tun mir leid. Ja,
wirklich! Denn Sie werden vernichtet werden, unweigerlich, und die Tatsache, daß Sie
nicht die Einzige sind, wird ja nur ein gerin-
ger Trost für Sie sein." ... Übrigens, „unter
meinen Bekannten ist ein Theologe, mein
Nachbar, wir wohnen auf demselben Flur.
Er ist bei unserem Patriarchat ziemlich
hochgestellt. Ein sehr gebildeter, intelligenter
Mann. Man hat Vertrauen zu ihm, und er
nimmt an allen Delegationen im Ausland
teil. Wissen Sie, was der mir eines Tages ge-

sagt hat? Religion und Leben, hat er gesagt, Religion und Leben, das sind zwei völlig verschiedene Dinge, die darf man nicht miteinander vermischen. Ein intelligenter, hochintelligenter Mensch. Ich kann ihn Ihnen vorstellen. Er besitzt genügend Autorität, um Ihnen zu dem Entschluß zu verhelfen, zu dem Sie sich selbst nicht durchringen können. Sie wollen nicht? Ihnen ist die Märtyrerkrone lieber?"[7]

Christin: Dieser Theologe ist kein Vertreter des Christentums, sondern seiner Politik. Zwischen einer solchen Politik und dem Christentum besteht vergleichsweise ein Unterschied wie zwischen Eurem Recht und der Gerechtigkeit.

Psychiaterin: Sagen Sie mal, Genossin, warum haben Sie uns eigentlich nicht gleich gesagt, daß Sie gläubig sind?

Christin: Ich habe es gesagt, als man mich danach fragte.

Psychiaterin: Sie wollten uns täuschen. „Wir Atheisten täuschen keinen Menschen, aber bei Euch Gläubigen geschieht das häufig."[8]

Christin: Da bin ich aber anderer Meinung. „Man hat mich getäuscht, als man mir sagte, niemand wolle mich in einem Irrenhaus internieren. Ich solle mich nur für zehn Minuten mit den Ärzten unterhalten.

Psychiaterin: Das waren keine Ärzte, die Ihnen das gesagt haben.

Christin: Aber es waren Atheisten!"[9] ... Die Palme des Lügens scheint wohl Ihnen zuzukommen.

Psychiaterin: Ich darf Sie vielleicht an Lenin erinnern, der sagte, daß die Lüge als politisches Mittel um der Wahrheit und der Gerechtigkeit willen eingesetzt werden kann, ja muß.

Christin: Also durch die Lüge zur Wahrheit?

Psychiaterin: Sie haben nicht das geringste Recht uns zu verurteilen, Ihr Christen habt zu Millionen getötet.

Christin: Wenn Christen töten, verstoßen sie gegen das Gesetz Christi. Wenn Marxisten töten, erfüllen sie das Gesetz des Klassenkampfes, sie töten ihren ideologischen Todfeind.

Psychiaterin: So ist es Genossin ... Sehen Sie, alles, was Sie mir jetzt erzählen, bestätigt mir, „daß Ihre Krankheit die Grundlage Ihrer Religiosität darstellt. Das können Sie natürlich nicht begreifen, aber Sie können es uns glauben, wir sind ja schließlich Spezialisten. Wenn Sie in einer religiösen Familie aufgewachsen wären oder irgendwo im Westen gelebt hätten, könnten wir Ihre Religiosität noch begreifen. Aber Sie wurden hier in einer sowjetischen Schule erzogen, in einer atheistischen Familie. Sie sind eine gebildete Person." [10]

Christin: „In der letzten Nummer der Literaturnaja Gazeta steht ein Interview mit dem Metropoliten Nikodemus. Haben Sie es gelesen?

Psychiaterin: Nein, was ist damit?

Christin: Auch dieser Nikodemus wurde in einer marxistischen Schule erzogen, in einer atheistischen Familie und, wie mir scheint, in der Familie eines militanten Parteipolitikers. Er hat in einem Institut studiert, den dialektischen Materialismus durchgearbeitet, und

plötzlich kommt es über ihn, er bekennt sich
zu seinem Glauben an Gott, verläßt die Universität, was zu einem Skandal führt und
tritt ins Seminar ein. Heute ist er die höchste
kirchliche Persönlichkeit nach dem Patria-
chen ... Halten Sie ihn demnach auch für
schizophren?

Psychiaterin: Sprechen Sie von sich, wenn ich bitten darf.
Im Augenblick interessiert uns der Metropo-
lit Nikodemus nicht. Sagen Sie uns, wie Sie
Ihren religiösen Glauben mit Ihrer Zugehö-
rigkeit zur sowjetischen Gesellschaft verein-
baren können? Das sind ja schließlich ...
sozusagen ... gewissermaßen ... zwei völlig
kontradiktorische Realitäten ... Denn unsere
Gesellschaft beruht auf dem Marxismus, und
Marxismus und Religion schließen sich doch
aus. Deshalb frage ich Sie, wie leben Sie in
unserer Gesellschaft, welche die Religion
ausschließt?"[11]

Christin: Wie ich schon sagte, ich bete, und durch
mein Gebet werde ich eins mit Christus und
dadurch eins mit dem Nächsten. Das Gebet
öffnet mich für die Bedürfnisse und das
Leid meiner Mitmenschen. Und es gibt in
unserem Land viel Leid. Beten macht mich
frei von den Zwängen, die unsere marxistische Gesellschaft uns auferlegt, frei für Christus und seine Botschaft, frei für den Menschen in seiner Not ... Und die Sehnsucht
nach dieser Freiheit ist auch in unserer marxistischen Gesellschaft verborgen.

Aber natürlich ... Wie könnte es denn sonst
sein, daß Ihr Euch die verschiedensten Reli-
gionsersatze geschaffen habt. Die habt Ihr
allerdings ... Schauen Sie, es hat keinen

Sinn, daß wir uns darüber streiten ... Und
ich möchte auch gar nicht leugnen, daß es
auch unter dem Kommunismus gute Aspek-
te gibt, aber: die guten Seiten des Kommunismus wurzeln in der christlichen Lehre.
Der Ursprung ist Jesus Christus. Er kam zu
denen, die Ihr „die Verdammten dieser Erde" nennt. Und sie strömten ihm zu, weil er
ihnen außer Essen und Trinken auch seine
Liebe und Barmherzigkeit schenkte. Begrif-
fe, die in Euerem Vokabular nicht vorkom-
men ... Der Kommunismus und der daraus
resultierende Materialismus ist die folgen-
schwere Antwort auf alle Nachlässigkeiten
und Verfehlungen der Christen. Er ist eine
der großen Sünden der Christenheit.

Psychiaterin: Wie ist es möglich, an diesen Christus zu
glauben?

Christin: Wie ist es möglich, nicht an IHN zu glauben? Nicht an Christus glauben, bedeutet
doch, nicht an sich selbst glauben, nichts
vom geistigen Strom zu wissen, der die
ganze Erde durchzieht.

Psychiaterin: So?? *(unsicher)* Und ... zu den Verdammten
dieser Erde ist er gekommen, sagen Sie.
Könnte er da vielleicht auch zu ... Nein, nein,
ich glaube an den Marxismus, da weiß ich,
was ich habe ... Aber Sie, die Sie so an Jesus Christus glauben, welche Bedeutung hat
denn für Sie der Kommunismus-Marxismus.

Christin: Für mich ist er nichts als eine Utopie ... das
dürfte doch die Unheilsgeschichte unseres
Landes zur Genüge bewiesen haben.

Psychiaterin: Eine Utopie ... eine Utopie, das kann doch
nicht sein ... dann hätten wir ja all die Jahre

in einer ungeheuerlichen Lüge gelebt ... das kann doch nicht sein! *(sie bemerkt einen Agenten, wechselt erschrocken den Ton)*

Ja, bitte, oh entschuldigen Sie, ich habe Sie gar nicht bemerkt. ... Nur einen kleinen Augenblick, ich bin hier gleich fertig!
„Nun, Genossin, also für solche Ansichten wird man Sie ...

Christin: Kennen Sie die diesbezüglichen Ansichten der europäischen Kommunisten. Sie halten den bei uns gegen die Religion geführten Kampf sinnlos, weil die Religion auch noch unter dem Kommunismus weiterbestehen wird!

Psychiaterin: *(Blick auf Agenten):* Religion unter dem Kommunismus? Davon habe ich noch nie etwas gelesen."[12])

Christin: Wie erklären Sie sich dann den religiösen Aufbruch in fast allen kommunistisch regierten Ländern?

Psychiaterin: Das ist allerdings interessant! ...
Ach, Genossin, das, was ich bisher von Ihnen gehört habe, bestätigt mir nur das eine: „Sie brauchen eine ganz bestimmte Behandlung, im Interesse der Gesellschaft und auch in Ihrem eigenen.

Christin: Wollen Sie damit sagen, daß Sie entschlossen sind, mich einer Zwangsbehandlung zuzuführen?

Psychiaterin: Aber warum muß sie denn unbedingt erzwungen sein. Ich glaube, Sie sind sich selbst ihrer Notwendigkeit hinreichend bewußt.

Christin: Nein, ich füge mich nicht in eine solche Behandlung.

Psychiaterin: Hören Sie, Sie können über Ihre eigene Krankheit kein kritisches Urteil haben, daher ist Ihr Standpunkt nicht von entscheidender Bedeutung.

Christin: Mein Mann und meine Mutter werden aber gegen diese Behandlung protestieren.

Psychiaterin: Sie sind medizinisch nicht maßgeblich, wir brauchen ihre Einwilligung nicht.

Christin: Es ist im Gesetz vorgesehen, daß nur eine gerichtliche Entscheidung zur Verfügung einer Zwangsbehandlung führen kann.

Psychiaterin: Für solche Fälle gibt es Sonderkliniken, … wir brauchen keine Gerichtsentscheidung"[13] … Aber damit Sie sehen, daß wir die humanste Gesetzgebung der Welt haben, können Sie selbst entscheiden, was Sie wollen. … Nun, Sie können wählen — ja, wählen. Entweder Sie verzichten auf Ihren Glauben oder Sie akzeptieren unsere „bestimmte Behandlung" — oder — und das wäre die dritte Möglichkeit — Sie gehen dorthin, wo Sie ungestört, wie Sie meinen, beten und an Gott denken können.

Christin: Was wollen Sie damit sagen?

Psychiaterin: Nun, wir schieben Sie ab! Kapiert!

Christin: Ausweisung? — Nein, nie, ich — ich will nicht in die Emigration.

Psychiaterin: Was Sie wollen, bestimmen wir?

Christin: Aber … *(will aufstehen und auf die Psychiaterin zugehen, wird aber vom Agenten am Arm gefaßt und weggeführt).*

Vierte Szene:
An der Grenze

Man hat mich an die Grenze gestellt ...
ohne meinen Mann und mein Kind, ohne
Paß und Geld — wie einen Gegenstand, den
man nicht mehr braucht.

„Mir ist, als ginge ich am Ufer des Meeres
entlang. Am Himmel flammen Szenen aus
meinem Leben auf. Einiges ist von mir, das
andere von Gott. Ich blicke nach den Fuß-
spuren hinter mir im Sand und merke, daß
nur eine einzige Spur zu sehen ist. Dies war
immer so in den dunkelsten und traurigsten
Zeiten meines Lebens.

Herr, als ich mich entschloß, Dir nachzufol-
gen, versprachst Du, den ganzen Weg mit
mir zu gehen. Nun aber merke ich, daß nur
eine Fußspur am Ufer zu sehen ist. Ich ver-
stehe nicht, warum Du mich allein läßt, gerade wenn ich Dich am allernötigsten brauche.
Verzeih, Herr, ich weiß, Du hast mich nie allein gelassen, in den Zeiten der Anfechtung
und des Leides. Wenn ich nur eine Spur am
Ufer gesehen habe, so deshalb, weil Du
mich getragen hast." [14)]

So will ich mich nun weiterhin von Dir tragen lassen, Herr. Auch wenn Du mich jetzt
in eine Gegend getragen hast, die ich nicht
kenne. Dieses Land hier ist fremd für mich.
Fremd die Gesichter, fremd seine Sprache.

Doch eines ist uns gemeinsam. Die Liebe zum auferstandenen Herrn, der Glaube an die allgütige Hand des Vaters. Allerdings, so habe ich erfahren, glauben hier im Westen viele Menschen kaum mehr an Gott. Ihr Leben in Wohlstand und Macht, Gedankenlosigkeit und Bequemlichkeit hat sie von Gott entfernt. Es scheint, als ob sie Seine Hilfe gar nicht mehr nötig hätten. Was erwartet mich in einem Land, das freiwillig auf Gott verzichtet?

Fünfte Szene:
Das Interview

(Auftritt von zwei Journalisten)
... Kann ich Ihnen helfen? ... Sie sind wohl
von der Presse, nicht wahr? ...

Ein Interview? ...
Ja, gut, aber eigentlich würde ich lieber
ein Gespräch mit Ihnen führen. Wollen Sie
sich nicht setzen! ...

(zum rechten Journalisten) Ach so, Sie wollen wissen, warum ich ausgewiesen wurde ...
Nun ...

(zum linken Journalisten) Seltsam, daß Sie
mich fragen, ob ich froh sei, endlich in Freiheit leben zu können. Was verstehen Sie unter Freiheit? ...

Tun was man will? ... Aber ich bitte Sie ...

Reisen können wohin man will?
Das ist sicher sehr schön, aber für mich bedeutet Freiheit etwas anderes. Freiheit ist in
erster Linie ein Geschenk, und zwar ein Geschenk, das von Gott kommt. ...
(zum rechten Journalisten) Warum lachen Sie
denn? ... Doch, die Freiheit des Menschen
kommt von Gott ...

Weil Freiheit ohne den Glauben an Gott zum Chaos wird ... In diesem Sinne war ich auch im Osten frei.

(zum linken Journalisten) Nein, Glaube ist nicht Privatsache, er ist zwar persönlich, aber niemals Privatsache.

(zum rechten Journalisten) So, Sie glauben nicht an Gott. Nun, das kenne ich, und zwar sehr gut. Darf ich fragen, woran Sie glauben? Denn irgendetwas glaubt jeder Mensch. ...

An das, was man beweisen kann! Sehen Sie nicht, wie unlogisch das ist. ...

Natürlich, denn, wenn Sie etwas beweisen können, brauchen Sie es doch nicht zu glauben. Aber ich weiß, was Sie mir sagen wollen, Sie wollen mir erklären, daß Sie an die Wissenschaft glauben.

Die Psychiaterin, die mich verhörte, sagte mir, sie glaube an den Marxismus. Es darf offensichtlich alles sein, nur um Gottes willen nicht Gott. Ich habe den Eindruck, daß der Westen viel atheistischer ist, als es der kommunistische Osten je gewesen war. Der Kommunismus sah in Gott wenigstens noch einen ernstzunehmenden Gegner. Dem Westen ist Gott aber so uninteressant, so gleichgültig geworden, daß es sich nicht einmal lohnt, sich mit ihm zu befassen.

Verzeihung! *(wie aus einem Traum erwacht)*. Ich meine nur, es braucht einen starken Glauben, um an die Wissenschaft zu glauben. Aber eine Wissenschaft, an die man glaubt, ist doch keine Wissenschaft, sondern

eine Ersatzreligion *(hält betroffen inne)* ...
das habe ich ja schon zur Psychiaterin gesagt, es scheint sich alles zu wiederholen,
und hier in voller Freiheit.

Ich möchte Ihnen etwas erzählen, etwas,
das ich selbst erlebt habe. Vielleicht verstehen Sie dann besser, worauf es mir an-
kommt. „Kurz nach meiner Ankunft im Westen habe ich einen Priester getroffen, der
10 Jahre im Kerker eines osteuropäischen
Landes zugebracht hatte. Als eine politische
Lockerung eintrat, wurde er entlassen und
erhielt für drei Monate eine Aufenthaltsbe-
willigung in einem westlichen Land. Nach
sechs Wochen sagte er mir, daß er wieder
zurück möchte — vor Ablauf seines Visums.
‚Ich habe jetzt genug gesehen‘, meinte er,
‚hier im Westen wird alles, aber auch alles in
Frage gestellt, für das wir drüben bis in den
Tod gelitten haben: die Dogmen, der Glaube, unser katholisches Credo. Ich versichere
Dir, daß ich im Kerker glücklicher war!‘ Und
er kehrte zurück. Ich weiß nicht, was aus
ihm geworden ist, ich habe nie wieder etwas
von ihm gehört.“[15)]

Und Sie *(zum rechten Journalisten)* wollen
wissen und nicht glauben ... Was wißbar ist,
können Sie wissen, nämlich das Ende der
Erde ohne die Barmherzigkeit Gottes, und
diese Barmherzigkeit können wir nur erlan-
gen, wenn wir glauben, was glaubhaft ist —
Gott, denn der Glaube an Gott ist der Glaube an die Zukunft — der Glaube an den
Menschen, an sich selbst, ist bloß Nostalgie.
Wer Gott aus der Welt streicht, läßt auch für
den Nächsten keinen Platz mehr. Nur wer
Gott liebt, liebt auch den Menschen.

Nein, nein, niemand kommt ein Leben lang an Gott vorbei, ohne sich selbst zu belügen, glaubenslose Zeiten sind hoffnungsleer. Denn Unglaube — das bedeutet, alleinsein mit Leid und Versuchung.

(zum rechten Journalisten) Ich weiß wovon ich spreche, denn ich komme aus einem Land, das den Unglauben zur Staatsreligion erhoben hat, und das Leid, das Leid hat unsere Herzen in der tiefsten Seele durchbohrt.

Doch bei uns geht die Nacht des Unglaubens ihrem Ende entgegen. Das Kreuz siegt, und am Kreuz, so sagen unsere Starzen, ist man mehr im Himmel. Denn die Torheit des Kreuzes ist nicht Mangel an Klugheit, sondern es ist die Kraft und die Weisheit Gottes.

Bei euch aber scheint es immer dunkler zu werden. Beten wir, daß aus diesem Sodom und Gomorrha ein Ninive werde … Oh möge es doch Ninive werden!

(zum linken Journalisten) … Wie kann Gott, der Barmherzigkeit sein soll, Elend und Leid zulassen, fragen Sie? … Da könnten Sie genausogut fragen, wie kann Gott es zulassen, daß wir so böse sind? Daß wir foltern, töten, betrügen, hassen? Warum, so können Sie auch fragen, läßt Gott es zu, daß in einem Teil der Erde die Menschen reich sind, während andere hungern und verhungern? Müßten wir nicht eher fragen, warum lassen *wir* es zu, daß wir so egoistisch sind und immer mehr haben wollen, daß wir so komfortsüchtig sind und immer reicher werden wollen? Daß wir, und dies ist wohl das Tragischste in unserer Zeit, unseren christlichen Glauben zu den billigsten Preisen an-

bieten? Wie können wir das alles zulassen? Haben Sie sich dies schon einmal gefragt?

Gott hat uns die Freiheit gegeben, sich für IHN zu entscheiden *(zum rechten Journalisten)*. Und die Möglichkeit zu sündigen, ist keine Freiheit, sondern Knechtschaft. Aber auch hier gilt, daß die Feinde Gottes nicht deshalb zu fürchten sind, weil sie Gott bekämpfen, sondern weil die Christen Gott vergessen haben. Nicht weil sie stark sind im Haß, sondern weil wir schwach sind in der Liebe. Wir sind eben Bürger jenes Reiches, das wohl in dieser Welt, nicht aber von dieser Welt ist.

Wie wir christlich leben sollen? fragen Sie *(zum linken Journalisten)*. Das christliche Leben sollte eigentlich nie etwas anderes sein als die Freundschaft des Menschen mit Gott. Denn Christus ist das Leben, das wir leben sollen. Er ist der Glaube, den wir glauben sollen, er ist die Hoffnung, die wir weitergeben sollen, und er ist die Liebe, die wir lieben sollen. Denn ohne Ihn können wir nichts tun. Aber seit die Menschen aus dem Paradies vertrieben wurden, ist die Welt nie mehr ohne Flüchtlinge gewesen. Seit dieser Zeit sind wir auf der Flucht. Auf der Flucht vor Gott, vor uns selbst.

Auch Sie *(zum rechten Journalisten)*, ja, auch Sie, Sie sind ohne Weg unterwegs, und dieser Widerspruch macht Ihnen Angst. Sie wollen sich selbstverwirklichen. Sie sollten sich christusverwirklichen, es ist die einzige Wirklichkeit, die zählt. Glauben Sie an die Liebe Christi, sie enthält alle Wissenschaft, Weisheit und Erkenntnis. Und um diese Liebe leben zu können, wird die Ewigkeit noch zu kurz sein.

Werden Sie dies alles in Ihrem Bericht
schreiben *(zum linken Journalisten).*
Ach, ich habe den Eindruck, meine Worte
sind so neu für Sie.

Für Sie nicht? Nein? — Aber für Sie
(rechter Journalist), nicht wahr?

Sicher haben Sie Recht, es ist nicht leicht
als Christ zu leben, aber Christus hat auch
nicht gesagt, daß es leicht sein wird. Er hat
uns aber versprochen, daß es mit seiner Hilfe möglich ist. Übrigens — wer leicht und
bequem leben will, sollte sich ehrlicherweise
nicht mit Christus einlassen. Christen erre-
gen unvermeidlich Anstoß, was sie auch sollen, weil Christus Anstoß erregt hat. Wir
sollten unser christliches Leben nicht den
Schwächen der Menschen anpassen, sondern
es an der Kraft Christi messen. Das Christentum ist so lange unbequem, wie wir Bequemlichkeit fordern.
(der rechte Journalist steht auf und geht) Sie
wollen gehen? Einen Augenblick noch! …
Sie haben hier wohl etwas anderes erwartet,
nicht wahr? Ein wenig mehr Dialektik? …
Ja, ich weiß, man hat mir gesagt, daß der
Marxismus hier im Westen als eine Lösung
des sozialen Problems betrachtet wird. Ich
kann Ihnen aber nur eines sagen, bei uns im
Osten ist er ein soziales Problem …

Ja, ich möchte wieder zurück in meine
Heimat, aber nicht im Zorn. Es gibt dort genügend Haß, abgrundtiefen Haß sogar. Dagegen aber gibt es nur ein Mittel: abgrund-
tiefe Liebe. Diese Liebe liebt ohne Grund
und ohne Maß. Sie liebt Freunde und Fein-

de zugleich. Jesus hat selbst seinen Verräter Freund genannt. Nur die verzeihende Liebe in Christus kann Heilung bringen, sowohl im Osten als auch hier im Westen.

Was uns die neue Ordnung bringen wird? Das weiß ich nicht, aber eines ist sicher: Die Zukunft gehört dem Glauben, und zwar dem Glauben an Jesus Christus, dem Gekreuzigten und Auferstandenen. ... Was immer auch geschehen wird: der zusammengebrochene Staat hinterläßt ein grauenhaftes Erbe und die Schäden an Leib und Seele von Millionen werden sichtbar ...

Das glauben Sie nicht, was muß denn noch alles geschehen, damit Ihnen die Augen aufgehen? Fahren Sie doch einmal hin und schauen Sie sich das an ... Doch sollte man nicht mit leeren Händen gehen, vor allen Dingen aber nicht mit einer leeren Seele.
Leben Sie wohl! Und ... Gott behüte Sie ...

(zum linken Journalisten) Wollen auch Sie gehen? ... Ich war wohl zu hart — vorhin — ich hätte das so nicht sagen sollen. Man sollte nicht so viel reden. Vor allem darf man nichts tun und sagen, was der Liebe widerspricht. Das Christentum will gelebt werden. Achte einen jeden Menschen, auch den Atheisten, deinen Glauben aber lebe. Das hat einmal ein Weiser gesagt.

Kommen Sie mit — christuswärts. Es ist das einzige Vorwärts, das zählt. Christus wartet auf uns und will den Weg mit uns gehen, den Weg, der Wahrheit ist, weil er ins Leben führt. Wir haben unsere erste Liebe verlassen und wissen nicht, in welche Tiefe wir gefallen sind, deshalb ist unser Heimweg so beschwerlich.

Beten wir, daß wir aufwachen vom Schlaf, es ist so dunkel hier ... Beten wir vor allem für die Jungen, in ihnen lebt die wunderbare Kraft der Zukunft. Fähig zur Begeisterung, bereit zu jedem Einsatz. Sie sehnen sich danach, eine bessere Welt aufbauen zu können. Ach, Herr, mache sie zu einem „Werkzeug Deines Friedens", daß sie „Liebe bringen, wo man sich haßt."[16)

Doch laß sie nicht zu Menschen werden, die längst begraben sind. Laß nicht zu, daß die Verführungen unseres Wohlstandslebens ihr junges Dasein zerstören. Halte Deine gütigen Vaterhände über die Reinheit ihrer jungen Seelen und bewahre sie vor den Versuchungen, die ihnen überall aufgedrängt werden. Laß sie aber auch erkennen, Herr, daß die Zeit vorüber ist, in der Du zugesehen hast, daß wir bloß religiöse Menschen sind, ohne uns Dir ganz hinzugeben, ganz Dir zu gehören. Zeige ihnen jene Freiheit, die Dein Sohn uns gebracht hat — die Freiheit, sich an Dich verschenken zu dürfen, ganz und ohne Angst, weil nur Du uns das Leben in seiner ganzen Fülle geben kannst. *(zum Publikum gewandt)* Kommt mit christuswärts. Es wird eine Reise sein in das größte Abenteuer, denn wir werden zuerst das Seine suchen, und alles andere wird Er uns dazugeben. Er hat uns dies versprochen.

Ihn dürstet! Ihn dürstet nach den Ihn suchenden Seelen, und die Welt wartet auf diese Flammen des Glaubens, der Hoffnung und der Liebe — denn nur in IHM sind wir ganz frei und ohne Angst.

DIE NACHT VOR DEM LICHT

Ein Wort zuvor

In den frühen Morgenstunden des 7. August 1942, einem Herz-Jesu-Freitag, verließ ein Bahntransport mit katholischen Juden das Sammellager Westerbork bei Hooghalen im Norden der Niederlande. Unter den rund tausend Männern, Frauen und Kindern, die, in Viehwagen gezwängt, den Weg Richtung Auschwitz antreten mußten, befand sich auch die Philosophin und Karmelitin, Schwester Teresia Benedicta a Cruce, mit dem weltlichen Namen Edith Stein.

Eine letzte Grußbotschaft und der spärliche, doch bange Zusatz „es geht nach Osten" wurde bei der Durchfahrt der Ortschaft Schifferstadt von Passanten an die Dominikanerinnen im Kloster St. Magdalena in Speyer weitergeleitet — dann verliert sich ihre Spur. Die Nachforschungen ergaben, daß, mit wenigen Ausnahmen, sämtliche Häftlinge dieses Transportes am Sonntag, den 9. August 1942, im Nebenlager Birkenau umgebracht wurden.
Was geschah mit Edith Stein zwischen diesem Herz-Jesu-Freitag und dem folgenden Sonntag, der ihr Holocaustum, ihr Ganzopfer und ihre Vollendung sah? Wir wissen es nicht. Es bleibt Geheimnis! Keine Kunde hat das Dunkel dieser Tage erhellen können.
Doch eines ist uns bekannt: Die einstige Atheistin, die in langen Jahren der Suche nach der Wahrheit in die katholische Kirche konvertierte, sie bat am Passionssonntag 1939 ihre Mutter Priorin, ihr die Erlaubnis zu geben, sich „dem Heiligen Herzen Jesu als Sühneopfer anzubieten für den

wahren Frieden, damit die Herrschaft des Antichristus, wenn es möglich ist, zusammenbricht und eine neue Ordnung aufgebaut werden kann."

Und einige Monate später, während der Exerzitien in der Fronleichnamsoktav, schrieb sie ihr Testament und schloß mit dem Gebet der Hingabe: „Schon jetzt nehme ich den Tod, den Gott mir zugedacht hat, in vollkommener Unterwerfung unter seinen heiligsten Willen mit Freude entgegen. Ich bitte den Herrn, daß er mein Leben und Sterben annehmen möchte zu seiner Ehre und Verherrlichung, für alle Anliegen des Heiligsten Herzens Jesu und Mariä und der Heiligen Kirche, insbesondere für die Erhaltung, Heiligung und Vollendung unseres heiligen Ordens, namentlich des Kölner und Echter Karmels, zur Sühne für den Unglauben des jüdischen Volkes und damit der Herr von den Seinen aufgenommen werde und sein Reich komme in Herrlichkeit, für die Rettung Deutschlands und den Frieden der Welt . . ."

Diese selbstlose Hingabebereitschaft stellt eine herausragende Prägung in der Entwicklung der Persönlichkeit Edith Steins dar. Die ehemals von sich selbst recht überzeugte Gelehrte, die in einem oft spottenden und ironischen Ton an allem glaubte Kritik üben zu müssen, und die manche ihrer Freunde daher in einer liebevollen Umschreibung als „entzückend boshaft" schilderten, begibt sich in ihrer Christusnachfolge auf den Weg tiefster Demut bis hin zur Selbstentäußerung in dem ihr aufgezwungenen Tod.

In dieser Nachfolge trug sie das Kreuz bis nach Golgotha. Für jeden Menschen schlägt die Stunde Golgotha, denn „leiden und sterben muß jeder Mensch", sagte Edith Stein einmal, „aber wenn er lebendiges Glied am Leibe Christi ist, dann bekommt sein Leiden und Sterben durch die Gottheit des Hauptes erlösende Kraft."

Es ist Konvertiten eigen, den neu gefundenen Glauben unmißverständlich und unbeirrbar zu bekennen. Wer selbst Irrwege durchwandert hat auf der Suche nach letzten Antworten und diese im katholischen Glauben fand, wird Edith Steins „Beseligung auf Erden" mitleben können. Gerade ihr ernstes und ehrliches Aufgehen in den Glaubenswahrheiten der katholischen Lehre kann wegweisend sein in der Beziehung zu Andersgläubigen. Die Verirrungen unserer Zeit neigen zur Behauptung, daß es im Grunde gleichgültig sei, welcher Religion man zugehöre, da doch alle den gleichen Gott anbeten. Gewiß, Gott ist sich immer gleich, er ist für die Menschen aller Zeiten und Rassen der Eine Dreifaltige Gott. Aber es ist eine unbestreitbare Tatsache, daß keineswegs alle Völker die Trinität Vater, Sohn und Heiliger Geist als ihren Gott verehren und anbeten. Die Vielfalt der Glaubensrichtungen spricht die leidvolle Sprache der Zerrissenheit in der Gotteserkenntnis.

Man sollte annehmen, daß die Konversion dieser hochbegabten Frau, von der Reinhold Schneider sagte, daß sie „eine große Hoffnung, ja Verheißung für ihr Volk" ist, in jedem nach Wahrheit Strebenden Heimweh wecken würde nach dem, was sie erkannte. In vielen Fällen erlebte Edith Stein die Freude, Menschen durch das Tor der Kirche geführt zu haben, nicht zuletzt ihre leibliche Schwester Rosa. In ihrer Tätigkeit als Lehrerin, Dozentin und später als Ordensfrau sah sie sich als Werkzeug des Herrn, bestrebt, allen, die ihr begegneten, jene Liebe zu schenken, die in Christus begründet ist. „Wer zu mir kommt, den möchte ich zu ihm führen", dieser Gedanke durchdrang die von Christus erfaßte getaufte Jüdin. Um so tiefer muß sie die hilflose Ablehnung ihres Glaubensweges durch ihre geliebte Mutter getroffen haben. Deren Auseinandersetzung mit der ihr fremden Welt des Christentums gipfelte in der verzweifelten Frage: „Warum hast du ihn (Christus) kennengelernt? Ich will nichts gegen ihn sagen. Er mag ein sehr guter Mensch gewesen sein. Aber warum hat er sich zu Gott gemacht?"

Dieser „sehr gute Mensch", der sich nicht zu Gott gemacht hat, sondern der Gott ist, die Zweite Person der Heiligsten Dreifaltigkeit, er ist die Kluft zwischen dem

Judentum und dem Christentum, das Schwert (Mt 10,34), das Mutter und Tochter entzweite. Für Edith Stein war der Übertritt zur katholischen Kirche jedoch keine Trennung vom jüdischen Volk. In ihrer Jugendzeit hat sie sich wohl von ihrem jüdischen *Glauben* entfernt, im ethnischen Sinn hingegen blieb sie Jüdin, auch noch als Karmelitin. Ihre Konversion machte ihr die Herkunft sogar in einem doppelten Sinn bewußt: „Sie glauben nicht, was es für mich bedeutet, Tochter des auserwählten Volkes zu sein, nicht nur geistig, sondern auch blutsmäßig zu Christus zu gehören", sagte sie kurz vor ihrer Verhaftung.

Edith Stein erkannte den Verborgenen, den das Alte Testament verheißen hat: den Messias, den leidenden Gottesknecht, der sich in Jesus Christus im Neuen Testament offenbarte, und sie war ergriffen von dem Gedanken, mit den im monastischen Gebet des Karmels enthaltenen Psalmen in den gleichen Worten zu beten wie Jesus und stellvertretend für ihr Volk vor Gott stehen zu dürfen.

Eine aus dem Lager Westerbork an ihre Oberin im Kloster Echt gerichtete Nachricht enthält im Zusammenhang mit der Bitte um einen Brevierband den in Klammer gesetzten kurzen Vermerk: „Konnte bisher herrlich beten." Welch unfaßbare Kraft spricht aus diesen wenigen Worten. Nur ein Mensch, gereift durch Leiden am Leiden Christi, kann dieses Beten inmitten unsäglicher Verzweiflung und Pein als „herrlich" begreifen. Hier ist die enge Tür, zu dem was uns in der dunklen Nacht als Herrlichkeit Gottes begegnet, als die Freude über die Gewißheit, mit Christus über den Tod zu siegen und zur Auferstehung zu gelangen.

Es ist anzunehmen, daß Edith Stein auch auf dem Transport und im Vernichtungslager Auschwitz selbst diese Tiefe des Gebetes erreichte, echter und reiner als je zuvor. Beten an der Stätte des Todes ist der Weg hin zum Leben, ist Offenbarung der Gegenwart Gottes. Nein, Gott ist nicht tot — auch nicht nach Auschwitz.

Das Spiel um Edith Stein begibt sich mittenhinein in „Die Nacht vor dem Licht". Es sind die Stunden im Eisenbahnwagen vor der Ankunft in Auschwitz.

In Mirjam, der jungen, glaubenslosen Mitgefangenen, begegnet die Karmelitin ihrer eigenen Zeit der Gottferne, ihren langen Jahren der leidenschaftlichen Suche nach der Wahrheit, die sie in Jesus Christus fand. Im Grauen der Deportation wird sie für die verängstigten Mütter und Kinder ein Engel des Trostes und durch ihr Vorbild Künderin der Liebe und Barmherzigkeit Gottes. „Mit dem Menschensohn durch Leiden und Tod zur Herrlichkeit der Auferstehung zu gelangen, ist der Weg für jeden von uns, für die ganze Menschheit." Das ist die Hoffnung, die Sr. Teresia, die vom Kreuz Gesegnete, uns hinterlassen hat. Hoffnung durch das Lumen Christi, das Licht unseres Herrn, das uns alle erwartet.

Inge M. Hugenschmidt-Thürkauf

Weil am Rhein, Januar 1996

Die Nacht vor dem Licht
Prolog

Die Schauspielerin tritt als blinder Pilger gekleidet auf, in einem zeitlosen Gewand. Der Prolog spielt vor dem Vorhang.

Zu Beginn Musik.

„Mich erbarmt des Volkes", hat er gesagt, der Rabbi Jesus. Das habe ich noch von keinem gehört, von keinem König, von keinem Herrscher. Niemand von ihnen hat je gesagt: „Mich erbarmt euch!" Hier wird etwas ausgesprochen, das dem Willen der Mächtigen zur Macht, das jedem, der sich mächtig glaubt, eine Schranke setzt. Ob diese Botschaft wohl bis in die Herzen zu dringen vermag oder wird man weiterhin sich hinter dem Fenster der Seele verbergen und nur noch hohle Worte klingen lassen, im Wahn gefangen, sich der Weisheit Gottes zu bemächtigen.

Ja, seit dem Rabbi Jesus geht ein unendliches Erbarmen um die Welt, das sich über unser Elend beugt, um zu heilen, zu lindern, zu befreien. Es hat auch mich erreicht, mich in meiner Ruhelosigkeit an der Hand genommen und in das Herz sehen lassen, das sich in all jene versenkt, die sein Erbarmen weitertragen, von Jahrhundert zu Jahrhundert, gegen alle Widerspenstigkeit, gegen jede Verfolgung bis hin ins Martyrium.

Mit Stefanus hat es angefangen. Ich meine, es wäre erst gestern gewesen, als seine Feinde mit gierigen Händen in satanischem Eifer ihren Haß, ihre Ungerechtigkeit und ihr

Verbrechen über den Heiligen geworfen haben, weil sie Gott, der vorüberging, nicht erkannt hatten.

Stefanus war der erste in einer Reihe ungezählter Namen, deren Herzen brannten wie in den Jüngern von Emmaus, und die vom Feuer der Liebe erleuchtet und entzündet mit ihrem Blut Zeugnis ablegten für den großen Erbarmer, den Herrn Jesus Christus. Ich bin ihnen begegnet. In allen Ländern und Erdteilen habe ich ihr Kreuz aufgerichtet gesehen. Wie viele Gesichter hat doch das Kreuz!

Vor einem Jahr war ich bei der Berufung des Jüngers Maximilian Kolbe zugegen. Berufen zur restlosen Hingabe an den Bruder — bis in den Tod. Eingekerkert lebte er die Freiheit der versöhnenden Liebe in einer Welt der Wut und des Hasses, bis auch er den Himmel offen sehen durfte.

Heute nun haben wir auf der Fahrt nach dem Osten den nämlichen Schauplatz erreicht, der Zeuge unaussprechlicher Greuel und Leiden geworden ist und sind Edith Stein begegnet, Schwester Teresia Benedicta a cruce, der Karmelitin. Hier, „wehrlos ausgeliefert an die Bosheit erbitterter Feinde, gepeinigt an Leib und Seele, abgeschnitten von allem menschlichen Trost"[1] geht sie vertrauend durch die sühnende Flamme ihrer Christusliebe. Ein Akt höchster Freiheit. Eine Freiheit, die nicht ihre Erfüllung sucht in Rebellion und Anklage, sondern sich jenem zuwendet, der schweigend vor seinem Richter stand und seinen Mund nicht auftat.

Es ist schon so, „die meisten verstehen das Geheimnis der Nachfolge Christi nicht, aber die es verstehen, müssen im Namen aller bereitwillig dem Ruf folgen."[2] Bleiben wir der Karmelitin nahe und allen, die diesen Weg gehen — durch die Nacht vor dem Licht.

(Musik)

DIE NACHT VOR DEM LICHT

Erste Szene

Das Stück spielt in einem Eisenbahnwaggon des Zuges, der über 1000 katholische Juden aus dem Lager Westerbork in Holland nach Auschwitz bringt. (Auch hier werden durch Mimik und Gesten die imaginären Partner angedeutet.)

Zeit: Im Morgengrauen.
Sonntag, den 9. August 1942.
Es genügt, wenn die Situation durch eine kahle Bühne angedeutet wird. Nach hinten versetzt steht eine Bank ohne Lehne.

(Mirjam sitzt auf der Bank vornübergebeugt, schlafend, dann plötzlich aufhorchend):
Hört Ihr? ... Seid still ... Hat das jemand verstanden?
Seid doch ruhig! ... Ich will mal nachsehen! ...
Laßt mich durch! ! ...
(sie geht an die Rampe, und zwar so, als ob sie über Menschen steigen oder sich zwischen ihnen hindurchdrängen müßte. Sie versucht, durch einen Spalt zu schauen):
Ich kann nicht allzuviel erkennen, es ist noch nicht hell genug. Da ist jemand ... Ich glaube es sind Wachtposten ... mit Hunden

... Sie scheinen etwas zu suchen ... Vielleicht ist jemand geflohen ... Sie gehen vorbei ...
(sich aufrichtend, fast zu sich selbst):
   Ja, fliehen ... raus hier.
(spricht ins Innere des Waggons):
   Wie lange stehen wir überhaupt schon? Seit Stunden auf jeden Fall, eingezwängt wie Tiere in einem Viehwaggon, ohne Essen und nur ein paar Schluck zu trinken, von dem, was wir mitgebracht haben.
(schaut wieder durch den Spalt):
   Wenn ich nur wüßte, in welcher Gegend wir sind.
   Hier links ist eine Mauer, ziemlich hoch! Mehr kann ich nicht ausmachen ... eine Wiese ... Bäume ...
(wieder zu den andern sprechend):
   Warum geht es denn nicht weiter? Wenn schon gefangen, dann besser in einem ihrer Arbeitslager.

   Ja, es soll nach Schlesien gehen, hat jemand gesagt, oder in die Tschechoslowakei.
   Dort hätte ich Verwandte!
   Was tun eigentlich Zwangsarbeiter, und wo sollen wir denn wohnen?
   Vielleicht in einem neuen Lager?

   In einem Ghetto? Ja, das ist eher wahrscheinlich.

   Diese Hitze ... und die Luft hier drinnen!
(reagiert auf ein Stöhnen im Innern des Waggons):
   Hannah, wie geht es dir,? ...
(kriecht an den Ort, woher das Stöhnen kommt):

Hannah, hörst du mich, ich bin Mirjam!
(zu einer Person in der Nähe): Ist sie nicht
bei Bewußtsein?

Hannah ... sie sagt etwas ... Ich kann dich
nicht verstehen!
Was möchtest du? ... Einen Priester? ...
Wir haben hier keinen Priester ... nicht in
diesem Waggon!
Wie? ...
(zu einer anderen Person gewandt):
Sie will, daß man mit ihr betet ...
(wieder zu Hannah, verlegen): ... Ich ...
Erna wird mit dir beten ... sie kann das!
(dann hastig und eifrig gesprochen):
Hast du Durst? Soll ich dir zu trinken
holen ...
Hat noch jemand etwas zu trinken?
*(zur entgegengesetzten Seite der Bühne
sprechend):*
Sie Schwester? ...
(wieder zu Hannah):
Die Schwester kommt, sie hat was zu
trinken für dich. Dann wird es dir auch bald
wieder besser gehen.
*(Sobald die Schwester bei Hannah angekom-
men ist, zieht sich Mirjam, hilflos und verlegen, sich an den anderen Mitgefangenen vor-
beidrängend, wieder auf die Bank zurück):*
Entschuldigung! ... Hast du Platz? ...
*(spricht zu den um sie herumsitzenden
Personen):*
Eine eigenartige Person, die Schwester. Sie
ist zwar freundlich und zuvorkommend, aber
sehr ... wie soll ich es sagen? ...

Ja, sie war auch im Lager Westerbork.
Ich wollte sie einmal ansprechen, aber ich
habe mich nicht getraut.

Sicher ist sie hilfsbereit, Friedel, das siehst du ja. Und glaubst du, ich hätte nicht auch bemerkt, wie sie im Lager um alle besorgt war.

Ich will sie nicht kritisieren, im Gegenteil, irgendwie hat sie sogar meine Bewunderung, aber ... *(Pause)*

Nein, sie ist Karmelitin ... aus dem Kloster Echt.
Das Ordenskleid haben sie ihr gelassen, aber der Schleier wurde ihr von den Wachtposten runtergerissen. Sie kommt sich jetzt wahrscheinlich beinahe nackt vor in ihren kurzgeschnittenen Haaren ... *(Pause)* Aber etwas finde ich irgendwie fast unheimlich.
In all dem Chaos und der Verzweiflung, die im Lager herrschten, hat sie eine Ruhe bewahrt ...

Und auch jetzt ... seit zwei Tagen fahren wir Richtung Osten mit unbekanntem Ziel, wir liegen hier schon halb tot vor Elendigkeit und Angst ... und sie scheint zufrieden, gelassen, fast heiter, als ob sie ein Fest erwarten würde.

Wie kommt sie dazu?
(spricht die Schwester an):
Schwester! *(verlegen)* ... Nichts ... Ich glaube Hannah ist wieder eingeschlafen! ... *(nach einer kleinen Pause sich einen Ruck gebend).*

Ich weiß, wer Sie sind, ja! Sie sind Schwester Benedicta, nicht wahr? Ich kenne Sie, d.h. nein, meine Mutter kennt Sie. Mutter ist im nächsten Waggon, wir wurden auseinandergerissen. Sie hat mir viel von Ihnen erzählt.

Sicher würde sie jetzt gerne ein paar Worte
mit Ihnen sprechen.

Einmal hat Mutter Sie in einem Vortrag
gehört, da waren Sie noch Edith Stein. Sie
sprachen damals über die Bestimmung der
Frau.

Der Kern einer jeder Frauenbildung, so
sagten Sie, sei die religiöse Bildung. Diese
erst führe zu einem reifen Leben, das andern
Halt zu geben vermag ... Sie meinten damit
eine Bildung des Herzens, und zwar, und
darauf hat meine Mutter ganz besonders
Wert gelegt, die Bildung des Herzens durch
eine betende Orientierung an der Gottes-
mutter Maria. Die christliche Frau soll das
Abbild Mariens werden, mit ihr zusammen
Christus entgegengehend, um dadurch zu einer innigen Verbindung mit dem göttlichen
Herzen Jesu zu gelangen — in einem eucha-
ristischen und liturgischen Leben, das hat
meine Mutter noch besonders betont.
Allein durch eine marianisch geprägte Mäd-
chen- und Frauenbildung würde die intellek-
tuelle Bildung ihre Kraft schöpfen können.
Wir würden durch Maria lernen, wahre
Nachfolger Christi zu werden ... Ja, so hat
es mir Mutter erzählt.

Ist das so? — Ich meine, hat Mutter Sie da
richtig verstanden?

So?
Wissen Sie, daß meine Mutter sich Ihretwegen zum katholischen Glauben bekehrt
hat ...

Ja, Ihretwegen — das kann ich ja jetzt hier
sagen! Es war ein plötzlicher Wandel.

Ihretwegen hat sie sich taufen lassen und
mich auch. Ich war noch klein.

Unvorstellbar waren die Kämpfe, die sie mit meinem Vater und dem Rest der Familie durchzustehen hatte. Es war nicht die prinzipielle Ablehnung von Jesus als Mensch, verstehen Sie!

Aber seinen Anspruch Gott zu sein, der Erlöser der Menschen, der uns durch seinen Tod am Kreuz die Vergebung der Sünden erlitten habe, diesen Gott konnten sie nicht akzeptieren. Aber es ist ja gerade dieser Christus, der Gekreuzigte und Auferstandene, die Zweite Person der Heiligsten Dreifaltigkeit, wie das so heißt, auf den Sie sich beziehen, nicht war, Schwester?

Mir sagt dies alles gar nichts, ehrlicher gesagt, nichts mehr. In meiner Kindheit habe ich wohl vertrauend und gläubig gelebt, ja! Aber eines Tages bin ich erwacht, und da, wo ich früher Gott suchte, war ein großes Fragezeichen, gähnende Leere, ein dunkles Nichts. Das war an dem Tag, als man 20 000 Juden verhaftete und über 200 Synagogen in Flammen aufgingen. Im Feuer der Kristallnacht wurde auch mein Glaube verbrannt.

Vor allem der Glaube an einen allmächtigen und barmherzigen Gott, von dem mir Mutter immer erzählte.

Wie könnte ich an einen allmächtigen und dazu noch barmherzigen Gott glauben, der zu all den Greueln, die an uns und auch an andern geschehen, schweigt. Und — falls es ihn geben sollte — wie könnte ich an einen Gott glauben, der selbst zu ohnmächtig ist, um seine eigene Schöpfung zu regieren?!

Schauen Sie uns doch an, warum sind wir denn hier?

Weil es Menschen gibt, für die wir Juden — getauft oder nicht — keine Menschen sind. Oder höchstens auf dem niedrigsten Grad des Menschseins dahinvegetieren. Soll ich dafür auch noch danken?

Und wem?

Ach Esther, natürlich sind wir hier alle auf den Namen Jesus getaufte Juden. Aber haben wir auch den Glauben an Ihn? Glauben wir überhaupt alle an Gott?

Ich nicht! Mein Ja zum Leben ist ein Ja zum Leben ohne Gott.

Ich habe denken gelernt, Friedel, und wer denkt, glaubt nicht *(mit einem erschrockenen Blick auf Schwester Benedicta):* Entschuldigen Sie bitte, das sollte keine Spitze gegen Sie sein. Wirklich nicht, bitte, glauben Sie mir das! Aber es ist nun einmal so, daß ich aufgehört habe, mich zu betrügen. Ich habe mein ... Selbst gefunden. Das genügt! ... Im übrigen bleiben wir Juden, ob wir an einen Gott glauben oder nicht. Unser Judentum ist ja das Ärgernis der Machthaber. Nicht einmal Sie werden die Stufen des Untermenschen übersteigen können, Schwester Teresia Benedicta a cruce. Wenn Ihnen auch mit dem Bad der Wiedergeburt das Reich Gottes verheißen wurde, so wird Ihnen keine Taufe der Welt den Zugang zum Reich unseres vergöttlichten Führers verschaffen. *(Pause):*

Ich habe Gott aus meinem Ich hinausgedrängt, ich habe ihn aus der ganzen Welt hinausgedrängt. Das, was an uns geschieht, tötet in mir alle Antworten.

Angst vor der Wahrheit? Was ist Wahrheit? *(ein wenig unsicher lächelnd):* Zugegeben, eine alte Frage ... Sie sehen, ich weiß doch noch etwas aus dem Evangelium.

Gewiß, ich weiß nicht alles, aber das, was ich weiß, ist für mich genug, um zu wissen, daß es Gott nicht gibt ...
Das Dasein eines personalen Gottes ist für mich nicht glaubhaft. Ich gebe mir meine Wahrheit selbst.

Meine Mutter? ... Ja, sie glaubt ... Immer noch!
Ein paar Tage vor unserer Verhaftung hat sie mir auf einem Zettel einige Sätze aufgeschrieben. Es sind auch Zitate von Ihnen dabei. Ich habe ihn erst gestern wieder in meiner Tasche gefunden.
(zieht einen Zettel aus der Tasche ihres Kleides):
Da heißt es z.B. gleich am Anfang ...
(blickt auf jemand, der an ihrer Seite steht):
Was willst du? ... Möchtest du dich setzen? ...
(ein wenig unwillig, aber mit Blick auf Schwester Benedicta nachgebend):
Also, komm!
(läßt jemand andern auf ihren Platz sitzen, und steht in der folgenden Szene):
Ja, da heißt es gleich zu Beginn:
„Gott ist die Wahrheit. Wer die Wahrheit sucht, der sucht Gott, ob es ihm klar ist oder nicht."[3] Und weiter ... „Die Sehnsucht nach der Wahrheit ist ein einziges Gebet."[4] Diese beiden Sätze sind von Ihnen, nicht wahr?

Darf ich Sie etwas fragen?

Haben Sie die Wahrheit gesucht?

Und? ...

Sie haben die Wahrheit gesucht und die
Demut gefunden? ... das ist eigentlich schön
gesagt ...
Und die Demut ist für Sie Jesus Christus?

Auch Mutter nennt ihre Wahrheit, ihre
Demut, Jesus Christus, durch ihn sei „die
Zeit der Gnade" in die Welt gekommen,
sagt sie.
Darf ich Sie noch etwas fragen?
(zu einer Person in ihrer Nähe):
Ja, ich bin gleich still, aber dies muß ich
noch wissen ... es ist wichtig für mich!
(wieder zu Schwester Benedicta gewandt):
Ihre Suche nach der Wahrheit ... war dies
für Sie ein weiter Weg?

Bis ganz nach innen? ... Das ist weit! ...
(zerknüllt den Zettel):

Gott ist die Wahrheit, sagen Sie, und Gott
ist die Liebe! Und der Mensch, der auf ihn
hingerichtet sein soll, sein Ebenbild? Er ist
doch der Haß, der alles unter sich zermalmt,
wo ist da die Verbindung? *(Pause):*
Sie hatten in Westerbork sicher auch eine
Begegnung mit der Barackenführerin, Paula
hieß sie. Die uniformierte Häßlichkeit. Sie
hat mich verhört, und Hannah auch. Hannah
und ich studieren zusammen.
Wie geht es Hannah denn: glauben Sie,
daß Sie sterben muß? Ich hoffe nicht! ...

Ja, Hannah war immer tapfer. Auch bei
den Verhören mit der Barackenführerin.
Eigentlich waren es keine Verhöre, wir

hatten uns eher ihre Reden und Monologe anzuhören, und das nannte sie dann „sich unterhalten". Mir wird jetzt noch übel, wenn ich daran denke.

Zweite Szene
– Zwischenspiel –
Verhör Barackenführerin –
Mirjam

Die Schauspielerin spielt nun die Rolle der Barackenführerin. Dies kann ohne Kostümwechsel geschehen. Sie zieht einen Stuhl in ihre Nähe:

So, kommen Sie mal her ... nur nicht so schüchtern ... kommen Sie rein, und machen Sie die Türe zu. Wie heißen Sie? ...
Ich bin Paula, die Barackenführerin ...
(sucht einen Ordner, spricht zu sich selbst):
Na, wo ist denn das nur gleich ... Herrschaft noch mal, wo ist denn dieser Ordner ... Ah, hier, ich glaube, das ist er ...
Jawoll!
(wendet sich an Mirjam):
Na, von Setzen hat doch wohl keiner was gesagt, wie Sie heißen, will ich wissen?
Na? ...

Kohn ... und ? ...

Mirjam ...

Kohn mit K, wieso mit K, natürlich mit K,
wie denn sonst?

Ach … mit C gibt es das auch? *(höhnisch)*
Nein, nein, im Deutschen schreibt man
das mit K.
Und, da hab' ich Sie ja auch.
Hier steht es, Kohn mit K Mirjam, wie
sich's gehört!
Also, Fräulein Kohn mit K, nun wollen
wir uns einmal in aller Offenheit und Ruhe
miteinander unterhalten.
Jetzt können Sie sich setzen, sehen Sie,
immer schön eines nach dem andern.
Oh, ich sehe, Sie haben, der Anordnung
entsprechend, den Judenstern angesteckt.
Sehr schön. Das zeugt erstens von Gehorsam, ja, man muß der Obrigkeit gehorchen,
das ist nun mal so, und zwotens ist das auch
ein Zeichen von Bekennermut, ja, das ist es.
Man kann sich natürlich nur zu dem bekennen, was man hat.
Und bei Ihnen reicht es eben nur bis zu
dem antiquierten Judenstern. Warten Sie ab,
da wo Sie hinkommen, wird man Ihnen die
neue Wahrheit beibringen, die ganz neue
Wahrheit.
Also, da steht, Sie sind Studentin. Was
studieren Sie denn?

Oh, die hohe Philosophie. Sieh mal einer an.
Interessant! …
Das hat mir doch schon mal eine erzählt,
daß sie sogar Doktorin der Philosophie sei.
Wer war das nur gleich. Ah, ja, hier habe ich
sie. Dr. Edith Stein …
(lacht laut): Die ist jetzt Nonne. Ist ins Kloster gegangen …

(wieder ernst, lauernd): Kennen Sie die? ...
Können Sie mir einiges über die sagen?

Was heißt, Sie wissen nichts? Sie sind
doch mit ihr in derselben Baracke ...

Na, irgendwann wird sie schon irgendwas
reden, oder?

So, sie kümmert sich vor allem um die
Kinder. Na, das ist gar nicht so schlecht, das
soll sie mal tun, dann herrscht ein wenig
mehr Ordnung dort drüben.
Übrigens, Sie sind doch auch katholisch?
Ihr alle hier in Westerbork seid doch katholische Juden.

Ist dies nicht ein Verrat am Glauben eurer
Väter? Oder haben Sie gedacht, Sie könnten
mit der Taufe Ihren Hals retten. Da haben
Sie aber die Zeichen der Zeit nicht erkannt,
meine Schöne.
Opportun ist keines von beiden, weder
der Judenstern, noch — schon gar nicht das
Kreuz. Ich glaube, Ihr habt bis heute noch
nicht begriffen, in welcher Epoche Ihr lebt.
Eure Zeit ist zu Ende, und zwar für Euch
im doppelten Sinne, als Juden und Christen.
Denn eines können Sie sich mal für die Zukunft merken, mein Fräulein, der National-
sozialismus hat für beide keinen Platz.
Diese Einrichtungen haben sich überlebt.
Vor allem das Christentum. Keine Religion
hat die Menschheit in ihrer kulturellen Entwicklung so zurückgeworfen, wie diese „Ge-
meinschaft der Nächstenliebe."
Sagen Sie der Nonne da drüben, sie kann
ihr Kreuz einstecken. Dafür wird sich bald
keiner mehr interessieren. Wir gehen einer

neuen Zeit entgegen. Da staunen Sie, wie?

Ob Sie das noch erleben, ist natürlich eine andere Frage.

Sie sagen nichts ... nun, ja ... Auf jeden Fall werden wir mit Euch klarkommen ... zuerst mit den Juden, dann ... die Christen. Immer schön eines nach dem andern.

Wenn Sie mich fragen, ich hasse beide. Diese jüdisch-christliche Vergiftung unserer schönen Welt muß ein Ende haben.

Das wollte ich Ihnen eigentlich sagen, Ihnen gewissermaßen mit auf den Weg geben.

Sie können jetzt gehen ... und ... ich wünsche Ihnen noch eine gute Reise.

Dritte Szene

*Fortsetzung des Gesprächs zwischen Mirjam und
Schwester Benedicta.*

Sie sehen Schwester Benedicta, auch der
Haß hat sein Gesetz. Und aus dem gibt es,
wie es scheint, kein Entrinnen.

Sie wollen mit uns „klarkommen", was immer das heißen mag. Eigentlich ist es den
Nationalsozialisten gleichgültig, ob man
gläubig ist oder nicht. Allein die Zugehörig-
keit zu den „Einrichtungen" erweckt Haß.

Mutter hat einmal gesagt, daß wir nicht
verfolgt und gehaßt werden, weil wir Juden
sind, sondern weil aus unserem Volk Christus hervorgebracht wurde. Antisemitismus
wäre im Grunde Haß gegen Christus, Haß
gegen das Kreuz. ... Vielleicht ist das so ...
ich weiß es nicht!

Ja, Schwester Benedicta, das ist mir bekannt, so sagt es auch das Evangelium, daß
man das Böse mit dem Guten überwinden
soll. Es gibt tatsächlich Menschen, die diese
Spirale des Hasses durchbrechen und „Zeichen der Liebe", wie Sie sagen, setzen. Die

sogar an uns Juden diese „Zeichen der Liebe" gesetzt haben. Aber das Ergebnis ist verheerend.

Wieso? Weißt du denn nicht, Esther, daß wir auf dieser Reise sind, weil sich jemand für uns eingesetzt hat.

Nun, die holländischen Bischöfe. Sie haben ein Protestschreiben gegen die Deportation der Juden verfaßt und damit in großer Not großen Mut bewiesen, aber unser Ausflug in den Osten ist nun die Antwort auf diese anerkennenswert tapfere Tat.

Weil aus Rache auf den Protest der Bischöfe sämtliche christliche Juden in Holland verhaftet wurden. Wir wurden deshalb verhaftet, versteht Ihr?
Interessanterweise hat man später die evangelisch getauften Juden wieder freigelassen, nur die katholisch getauften wurden deportiert, als die schlimmsten und gefährlichsten Gegner. Ja, so war das ...
Die Bischöfe haben zwar das Rechte erkannt und es in beispielhafter Weise auch getan, aber es wurde uns zum Verhängnis.

Nun, was könnte man daraus schließen?

Wenn die Bischöfe geschwiegen hätten, wären wir nicht hier ...

Sie haben recht, Schwester Benedicta, vielleicht nicht hier.
Glauben Sie, Schwester, daß es im Land der Dichter und Denker noch jemand geben wird, der sich für die Juden verwendet?

Wie wird man z.B. in späteren Jahren davon reden? Daß es einmal Bischöfe gegeben hat, deren Liebestat in die Verbannung ... oder vielleicht zum Tod geführt hat?

Was sagen Sie da? ... Gut ... gut ... das kann ich akzeptieren, daß keine Liebestat sinnlos ist, weil jede noch so kleine Handlung, die aus Liebe getan wird, dem Haß entgegenwirkt! Aber das andere, das Sie sagten: Die größte Liebe hat zum Tod geführt?

Was meinen Sie damit? ... Soll das ...
(Geräusche von außen):

Da sind sie wieder! ... Was ist das für ein Lärm?

Drüben wird die Waggontüre zurückgeschoben ...

Ich möchte versuchen, hinüberzuschauen ... Helft mir doch!
(Mirjam drängt sich an die Rampe, schaut durch einen Spalt):

Es werden Leute herausgeholt ... drei ... nein, vier ...
(zu den Menschen um sie herum):

Drängt doch nicht, ich kann sonst nichts sehen ... jetzt sind es fünf ... aber ... aber das ist ja meine Mutter ... sie bringen Mutter weg ... Mutter! ... Warum? ... Mutter ... wo bringen sie Dich hin?

Hallo, Sie Herr Wachtmeister ... dort ist meine Mutter ... bitte wohin?

Nein, nein, nicht schießen ... weg, er schießt ... nein
(wirft sich zu Boden).
(nach einer Pause):

Ist jemand getroffen? ... Nein ... niemand!
(zu Schwester Benedicta, die geantwortet hat):

Sind Sie sicher?

Hannah, Esther, Friedel, Erna ... Ihr seid
da! ... Gut!
(richtet sich langsam auf):
Die größte Liebe führt zum Tod, nicht wahr,
Schwester, das sagten Sie doch! Worte, Worte, viele schöne Worte! Aber wir, was geschieht mit uns, was werden sie uns antun?

Nein, ich kann mich nicht bemühen, ruhig
zu bleiben.
Wir alle können es nicht, das sehen Sie
doch, Schwester!
Aber Sie ... Sie können es ... Sie sind stehen geblieben ... aufrecht ...
Ich beneide Sie um Ihre Sicherheit, um Ihren Glauben ... Unglaube ist wie ein Tier,
das einen verschlingt.

Wo ist Er, der gesagt hat, ich werde bei
euch sein alle Tage bis ans Ende der Welt.
Wenn das kein leeres Versprechen war, dann
müßte Er jetzt hier sein, oder? Denn wir
sind am Ende der Welt angekommen.

Ja, Esther, alles geht vorbei, auch diese
Reise. Der Weg zum Licht ist ein Kreuzweg,
hat Mutter immer gesagt, und am Kreuz
wird die Hierarchie der Werte zurechtge-
rückt, aber ... wenn dort drüben — jenseits
der Lebensschwelle — nichts ist, beginnt nun
eine entsetzliche Einsamkeit.
Sie spüren nichts davon, Schwester, Sie
nicht! Für Sie beginnt die Zukunft!

Gottes Erbarmen? Schließt sein Erbarmen
auch unsere Qual ein? Die größte Liebe hat
zum Tod geführt.

Wie ist das zu verstehen?
Ich bin voller Fragen! Doch dies ist nicht mehr die Zeit für Antworten. Ich gehöre zu jenen, die vergessen haben, ihre Lampen mit Öl zu füllen. Habe ich die Zeit der Gnade nicht erkannt? Er, der unser Freund sein will, warum schweigt er? Ein Freund kommt zu Hilfe, er schweigt nicht.

Ich habe Angst, eine unsägliche Angst! Soll ich jetzt schon sterben! Ich bin dem Leben ja noch nicht begegnet.

Ich möchte in Ihrer Nähe bleiben, vielleicht fällt ein Strahl Ihrer Hoffnung auch auf mich. Sie sind auf der stärkeren Seite, das spüre ich ... was trägt Sie, Schwester Benedicta?
(reagiert auf Geräusche von außen)

Sie holen uns ... Man soll Sie so nicht sehen ... mit Ihren kurzen Haaren! Nehmen Sie mein Tuch ... legen Sie es um, bitte!

Vierte Szene

Die Schauspielerin legt sich das Tuch um und wandelt sich damit in Schwester Benedicta.

Sr. Benedicta: Dies ist unsere Stunde. Zwar hat die Finsternis Macht. Doch wir gehen zum Licht. Machen wir uns auf den Weg. Es gilt den Berg zu besteigen, und der höchste Berg der Welt ist der Kalvarienberg. Wir haben alles, was wir brauchen, wir haben das Kreuz, an dem die größte Liebe gehangen hat. Laßt uns diese Reise in einen Sieg der Liebe verwandeln. Wehren wir uns nicht. Der einzige Widerstand sei — nicht zu hassen.

„Wer wird uns Führer sein aus Nacht zum Licht?
Wie wird der Schrecken enden?
Wo trifft die Sünder das Strafgericht?
Wann wird sich das Schicksal wenden?
Der am Ölberg in blutigem Angstschweiß rang
Mit dem Vater in heißem Flehen:
Er ist es, dem der Sieg gelang!
Da entschied sich das Weltgeschehen.

Dort fallet nieder und betet an,
Und fragt nicht mehr:
Wer, wie, wo und wann?
Uns alle trügt der Dinge äußerer Schein.
Wir sehen Rätselbilder hier auf Erden,
Der Schöpfer einzig kennt das wahre Sein;
Nicht richten, daß auch wir dann nicht
Gerichtet werden!"[5)]

Wer weiterdenkt, wer zu Ende denkt, Mirjam, der glaubt an *Gott,* um sein Selbst zu finden. Gott scheint hier abwesend zu sein, werden wir zu Zeugen seiner Anwesenheit. Der Himmel öffnet sich über jedem Ort. Gib mir Deinen Unglauben, Mirjam, ich nehme ihn mit mir.

(Sie stimmt das „Veni creator" an und verläßt langsam die Bühne)
Veni creator spiritus /
Mentes tuorum visita /
Imple superna gratia /
Quae tu creasti pectora /
Qui diceris Paraclitus /
Altissimi donum D-e-i ...

(hier bricht — schon hinter der Bühne — der Gesang abrupt ab, das Licht wird langsam eingezogen. Dunkel).

(Die Musik übernimmt das „Veni creator spiritus")

Ende

Literatur

Eve Curie: „Madame Curie", Fischer-Verlag, Frankfurt.

Michael Jungo: „Verborgene Krone", Christiana-Verlag,
        CH-8260 Stein am Rhein.

Max Thürkauf: „Das Fanal von Tschernobal",
        Christiana-Verlag,
        CH-8260 Stein am Rhein.

Nijole Sadunaite: „Geborgen im Schatten Deiner Flügel",
        Christiana-Verlag,
        CH-8260 Stein am Rhein.

Leonore Schumacher: „Die Stadt im Feuer",
        Christiana-Verlag,
        CH-8260 Stein am Rhein.

Edith Steins Werke: Bd. I, V und X,
        Herder, Freiburg.

Berta Weibel: „Edith Stein — Gefangene der Liebe",
        Kanisius-Verlag, CH-1700 Freiburg.

Barbara Albrecht: „Edith Stein — Gelebtes Evangelium",
        Patris Verlag GmbH,
        Vallendar-Schönstatt.

Anmerkungen

„Habt keine Angst"

[1] Aus: Opposition — Eine neue Geisteskrankheit in der Sowjetunion?
Eine Dokumentation von Wladimir Bukowskij, 1973, München.

[2] Mt 26, 39.

[3] – [13] aus „Opposition"

[14] aus „Gottes Untergrundkämpferin — Nijole Sadunaite", 1985, Stein am Rhein.

[15] aus Leonore Schumacher „Die Stadt im Feuer", 1989, Stein am Rhein.

[16] aus dem Sonnengesang des hl. Franz von Assisi.

„Die Nacht vor dem Licht"

[1] – [5] Edith Steins Werke
I—XII, Freiburg, 1950 ff.

Bücher
von Max Thürkauf

Aus dem Christiana-Verlag, CH-8260 Stein am Rhein:

„Unruhig ist unser Herz"
(Eine Anthologie von Essays zu Fragen von Wissenschaft,
Philosophie und Religion.)

„Die Spatzen pfeifen lassen"
(Geistliches Tagebuch eines Physikers.)

„Das Fanal von Tschernobal"
(Das Buch bietet in Form von autobiographischen
Erzählungen Einblick in ein Forscherleben.)

„Die Gottesanbeterin"
(Zwei Naturwissenschaftler auf der Suche nach Gott.)

„Christuswärts"
(Glaubenshilfe gegen den naturwissenschaftlichen Atheismus.)

Bücher
von Max Thürkauf

Aus dem Jordan-Verlag, CH-8052 Zürich:

„Wissenschaft schützt vor Torheit nicht"
(Dieses Buch ist ein Plädoyer für eine Umkehr zu einem
glaubwürdigen Christentum, dessen Begründer Jesus Christus
der Weg, die Wahrheit und das Leben ist.)

Kleinschriften aus dem Johannes-Verlag,
D-56599 Leutesdorf am Rhein:

„Glaube oder Aufklärung" —
Vom Licht des Evangeliums und der Finsternis
der 'Aufklärung'.

„Erben des ewigen Lebens" — Philosophisch-naturwissen-
schaftliche Betrachtungen zum Begriff Vererbung.

„New Age und die moderne Naturwissenschaft" —
Die neue Gefahr für den christlichen Glauben.

„Liebe — die Ohnmacht des Allmächtigen"

„Ein Vaterunser für die Naturwissenschaftler"

Bücher im Verlag aktuelle texte

aktuelle texte

Klaus von Flüe - der Heilige für unsere Zeit

Bruno Bernhard Zieger

Klaus von Flüe — der Heilige für unsere Zeit

Der Friedensheilige
Klaus von Flüe
und seine Frau Dorothee

11. Auflage, 1992
64 Seiten, kartoniert
DM 5,—
ISBN 3-921312-49-3

Auf anschauliche Weise wird ein Bogen gespannt aus dem 15. Jahrhundert bis in unsere Tage. Nikolaus von Flüe hat „in immer mehr sich erweiternden Kreisen'' auf verschiedenen Ebenen gewirkt, die in dieser Schrift sehr lebendig und gegenwartsbezogen geschildert werden: als Ehemann und Vater, als Bürger, Politiker, als Staatsmann und Retter der Schweiz, Einiger Europas und nun als Fürsprecher für den Weltfrieden. B.B. Zieger macht die faszinierende Tatsache deutlich, daß seine Wirkungsbreite um so weiter reicht, über die Grenzen der Familie — der Gemeinde — des Landes... hinaus, je tiefer er sich ins Gebet, in die Hingabe an Gott zurückzuziehen scheint. Die immer aktuelle Macht des Gebets, zumal eines Heiligen wie Nikolaus von Flüe, wird in die einzig richtige Beziehung gesetzt: das Wohl und Wehe der ganzen Menschheit in Vergangenheit, Gegenwart und Zukunft.

Verlag aktuelle texte gmbh
D-88499 Heiligkreuztal

Bücher im Verlag aktuelle texte

Kurt Faßbender

Nikolaus von Flüe Ein Heiliger des Friedens

Mysterienspiel

I. Auflage, 1986
93 Seiten, kartoniert
DM 9,–
ISBN 3-921312-29-9

Ein „Mysterienspiel" ist Faßbenders Stück über das Leben des heiligen Nikolaus von Flüe benannt — was es zuletzt auch ist. Weder die Sprache noch die Bilder, in denen die Persönlichkeit des Heiligen lebendig wird, haben jedoch etwas ‚Mysteriöses' an sich, sie sind vielmehr einfach, knapp, ja herb gehalten.
Sie sind herausfordernd in dieser Einfachheit, die uns das anscheinend Unmögliche und Unerreichbare ganz nahe bringt, bedrohlich nahe. Der normale Alltag, in den Gottes Ruf so übermächtig einbricht, die normale Ehe, die er zu sprengen scheint, die normale Familie, der er das Unzumutbare zumutet, betrifft das ‚normale' Leben von uns allen, damals wie heute.

Verlag aktuelle texte gmbh
D-88499 Heiligkreuztal